CRI
D'AMOUR

L'Énergie la plus puissante du cosmos capable de
rétablir la paix et l'abondance pour tous

L'aquarelle de la page couverture a
été offerte par une amie, grande
artiste, Yolande Monette.

Madeleine Caron Blanchette
Auteure

Les Éditions tête en fête
C.P. 267,
Val-Morin, P.Q., Canada,
J0T 2R0

Conception graphique, composition, montage:
Compomag Laval Inc. Tél.: (514) 682-1900

Première édition
Dépot légal: Bibliothèque nationale du Canada
                    Bibliothèque nationale du Québec
                    2ème trimestre 1987
                    ISBN 2-9800927-0-3

Ce livre est offert
avec tendresse
à toi
et à chaque être humain
de cette planète

Sommaire

comment générer l'Amour? – initiation – la plus puissante des forces – Energie – expériences d'Amour – au-delà des mots –

Poèmes en prose

Jeux – amoureuse simplicité – l'Amour et le cosmos – qu'attendons-nous – petite flamme – offrande – le monde à l'envers – perdre du temps pour aimer – l'indifférence – folie – mon aimé... mon ami – la grande danse de l'Amour – sans l'Amour je ne suis rien – où vas-tu? – tu peux choisir – imagine – stupidité – comme l'oiseau – autour du monde –

Conclusion

Avant-propos

Comme tant d'autres, je cherchais à saisir le sens de mon existence. Je me sentais souvent petite dans cet univers immense, j'éprouvais un besoin d'être toujours grandissant, un besoin d'inspiration plus vaste, de vérité plus pure, de participation, sans trop savoir comment l'exprimer. Je souffrais de voir tant de misère partout, je me sentais de moins en moins à l'aise dans un monde exploiteur, contradictoire, violent; en même temps je me sentais attirée par une force dynamique et joyeuse. Je sentais qu'il y avait une autre manière de vivre que d'être ballottée parmi les émotions, les contraintes, ou d'un autre côté, de suivre aveuglément le courant de la routine du lever - manger - travailler pour survivre - avoir quelques joies ici et là - et faire semblant d'être heureuse le reste du temps.

Les pages qui suivent sont le résultat de réflexions, de recherches et d'expériences qui m'ont éclairée sur toutes ces questions et qui continuent à me faire communier plus profondément avec toute la vie. Elles m'ont tellement aidée que je sens le besoin de partager ces découvertes qui étaient déjà là en moi et qui sont en toi mais qui ne demandent qu'à être libérées.

Le monde est saturé de définitions, de déclarations d'Amour me diras-tu; **pourtant il me semblait que c'était le manque d'Amour et l'ignorance de ce qu'Il était véritablement qui faisaient le plus souffrir les êtres et qui nous limitaient.**

Au début c'était une simple intuition: aujourd'hui c'est une intuition confirmée. En outre je ne perds plus de temps intellectuellement à vouloir résoudre ou donner réponse à toutes les énigmes de Dieu, car l'Amour me les fait saisir et me donne le vrai moyen d'évoluer à travers ce plan cosmique, c'est-à-dire: vivre le plus intensément et amoureusement possible - alors je m'éveille à mon «vrai Soi» et progressivement la vérité se dit et se vit d'elle-même.

Mais est-ce qu'on peut et comment oser parler du Sacré, de l'Absolu? Pourtant il le faut si on veut le faire reconnaître. Au tout début, j'aurais aimé écrire un immense chant d'Amour pour louer tant de Grandeur. Et puis bien vite je me suis rendue compte que les mots me manquaient pour parler d'une Energie Vivante et Infinie. J'en suis donc venue à dire amicalement ce que j'ai observé. A part que de proposer de vivre l'Amour partout et toujours, ce livre ne contient pas de conseils pratiques.

Je présente simplement différents thèmes pour montrer qu'il y a une foule d'occasions, de possibilités et de raisons de faire circuler cette Energie. A chaque page, tu es donc invité à trouver toi-même la démarche amoureuse individuelle que tu pourrais entreprendre pour arriver à utiliser ta propre Puissance.

Ce qu'est l'Amour? Notre langage et notre compréhension sont encore trop restreints pour décrire la richesse du contenu de ce mot. Il est de l'ordre d'une autre dimension et vouloir le définir ne peut que nous exposer à l'auto-illusion, au paradoxe, à la confusion.

Cependant bien qu'Il nous soit en grande partie transcendant, Il est aussi immanent dans notre monde et Ses manifestations peuvent au moins nous faire dire qu'Il est Energie-Beauté-Harmonie-Liberté-Réalité-Vérité-Force-Joie. C'est beaucoup plus que le simple sentiment vital amoureux qui nous amène à vivre la plupart du temps seulement sur le plan physique.

De plus personne ne peut te transmettre l'Amour. Un livre ou un guide, même s'ils sont d'une grande utilité, ne peuvent qu'éveiller en toi le goût de le vivre, ne peuvent que te donner des indices, ne peuvent que t'aider à entrer en contact avec ton «vrai Soi» qui lui est Amour. Il faut marcher par toi-même et, au cours de ce voyage, être tes propres maître et élève. Ce qui t'y aidera le plus c'est la détermination, c'est le désir très intense et persévérant de **vouloir** te laisser combler par l'Amour, en sentir Ses manifestations, Son infinie puissance. Nous sommes tous Amour, mais nous avons à nous éveiller à nous-mêmes.

C'est à travers ton vécu, à travers ce voyage dans l'expérience et le silence que l'Amour progressivement se laissera découvrir, qu'Il te livrera ses secrets, sa vérité, qu'Il te fera goûter la joie, la liberté, que peu à peu tu te sentiras envahi de bien-être, de paix, d'abondance et de pouvoir.

> Dieu - le Principe éternel ou l'Intelligence créatrice ou l'Amour ou l'unique Pouvoir ou l'Energie vivante ou l'Harmonie ou la Substance cosmique ou Cela ou le dieu de tous les peuples - Dieu est l'Amour dans l'infinité, dans sa création. Il est Celui qui EST. Tu peux lui donner tous les attributs, tous les qualificatifs, tu peux lui donner tous les noms Il sera toujours le même Amour qui EST la Vie et de qui provient la Vie.

> Nous sommes tous des enfants de la Vie, donc des enfants de l'Amour. Il n'y a pas de séparation entre Dieu et nous, entre la Vie et nous, entre l'Amour et nous. Il n'en tient qu'à chacun de consentir à se mouvoir dans ce grand mouvement d'Harmonie, car même si l'Amour existe depuis toujours, tant qu'on ne le laisse pas circuler, agir à travers nous, on sent très peu sa Présence et sa Puissance.

C'est toujours ou très souvent un grand stress qui nous

amène à nous réveiller. Quand, individuellement ou collectivement, nous serons rendus à bout, exaspérés, dégoûtés d'entretenir la violence, l'injustice sous toutes leurs formes, ou lorsque
nous aurons une telle soif du beau, du bon et du vrai, alors
peut-être nous rendrons-nous compte qu'il n'est pas suffisant de
nous fier seulement à nos capacités et pouvoirs physiques et
psychiques.

Aucun progrès matériel si grand soit-il, aucune entente,
aucune réforme, rien, mais absolument rien ne peut se compa-
rer à l'Amour pour enrayer à jamais la misère humaine et combler notre besoin d'infini que nous essayons de remplacer par
de nombreux petits besoins. De plus, dans les domaines scienti-
fique, technologique, économique, politique et bien d'autres,
**notre civilisation présente a un pouvoir qui dépasse sa
sagesse rationnelle**. Pour sa propre survie et pour trouver la
paix, le bonheur et le rassasiement, l'humanité devra accepter
de rétablir un équilibre et de chercher vers la vraie spiritualité,
vers l'action amoureuse.

Loin de moi l'idée de tout critiquer, bien au contraire. Tout ce
qui a existé, entre autre l'égocentrisme, fut utile probablement à
notre individualisation et à notre évolution, et il ne faut pas le
nier. Cependant nous sommes rendus à un moment où il faut
dépasser cela, où il semblerait que le cercle soit plein et qu'il
éclate de toutes parts bien qu'il faille continuer à avancer et à
transformer puisqu'il n'est point de but atteint encore. Tout en
conservant la liberté et l'autonomie que nous avons acquises
par l'éveil de la conscience individuelle, nous avons maintenant
à prendre conscience de tous les autres humains ainsi que du
lien qui nous unit à eux et aussi à la nature entière. Nous avons
à prendre conscience de la Présence de l'Amour partout et en
tout. Il faut continuer à avancer, on ne peut pas sortir de la
mystérieuse danse de la Vie.

Mais plutôt que d'avoir peur et de contribuer à donner vie aux nombreuses guerres ou aux nombreuses catastrophes apocalyptiques destinées à nettoyer la planète de la pollution, de la violence, de l'injustice, des éléments négatifs, de grâce, le plus vite possible, **immédiatement, éveillons-nous à l'Amour.** Avec cette Energie tout est possible et tout peut changer sans détruire et blesser davantage. De grâce, **laissons agir l'Amour** à travers chacun de nous, à travers chacun de nos gestes pour rétablir l'harmonie. Acceptons de nous **laisser aider par l'Amour** pour entrer dans la nouvelle ère, c'est-à-dire pour sentir et vivre maintenant l'expérience de l'Unité avec tout ce qui existe. **Vivons d'Amour** pour guérir de nos maladies, pour sortir de notre ignorance et enfin être heureux pour de vrai.

Cette Energie, cette Force ne vient pas en contradiction avec l'histoire religieuse de l'humanité qui fut le véhicule utilisé pour nous faire connaître l'Amour. Cependant chaque religion a à se réajuster à cette Vibration vraie, à retrouver ce message fondamental à sa source ésotérique et peut-être même à s'effacer pour mieux s'unifier; car l'Amour dépasse les structures, les guerres de cultes et les mêlées de l'histoire. L'Amour est simple, pur, total. Il ne s'encombre de rien et Il n'exclut personne; Il peut tout contenir. Au fait, quelle différence y a-t-il entre un pèlerin qui se met en route vers Jérusalem, Bénarès, La Mecque ou quelque lieu que ce soit et un pèlerin qui vit du Zen, du Taoisme ou du Sacré de la Création...?

Il en est ainsi au niveau des systèmes politiques, économiques et des lois sociales qui doivent changer radicalement. Massivement nous devons dépasser notre égo ou plutôt l'imprégner de l'immanence divine et nous adapter à fonctionner sur une seule et même terre sans frontières tout en respectant la vérité individuelle et la vérité de la Vie. Nous devons nous rappeler que nous sommes dépendants les uns des autres, que l'abondance, la paix, la joie sont possibles pour tous puisque nous sommes tous reliés à la même source d'Amour intarissable. On doit choisir des administrateurs qui, en plus d'être compétents dans leurs domaines respectifs, sont éveillés spirituellement.

Quant à la science, si elle veut que toutes ses formidables découvertes servent à la croissance évolutive de l'être afin de le libérer, elle aussi doit puiser à l'Amour, avec ou sans preuve, sans cela elle mourra asphyxiée par elle-même.

Enfin si on veut être beau, fort, libre et heureux ayons une éducation axée sur l'être humain et sur l'ensemble du plan cosmique. Ne pas vivre d'Amour c'est se duper soi-même, c'est être son propre bourreau et consentir à lutter dans la souffrance et la misère.

Etant convaincue de la **richesse infinie d'une vie amoureuse, étant convaincue que la violence et la souffrance peuvent être éliminées, je dirais englouties par l'Amour,** voilà ce qui me pousse à écrire, à vouloir que tous s'impliquent, à vouloir que chacun saisisse le levier de son propre dynamisme.

L'être humain est plus que de la chair, plus qu'un cerveau si complexe soit-il, plus qu'un système de pensées: il est aussi une étincelle du Divin qui lui donne un potentiel infini, il est un véhicule nécessaire à la manifestation de l'Amour. De plus la conscience universelle est formée de toutes les consciences individuelles. Sachant cela, l'unité comprenant ou se formant de la multiplicité, il est important que chaque individu évolue et participe pour redonner à notre planète sa joie première.

«Nous avons été créés dans la joie et pour la joie».
Sri Aurobindo

Nous cheminons tous vers un plus être et parce que l'Amour ne veut pas se laisser apprivoiser par la science ou parce qu'on n'a pas réussi à lever le voile sur son mystère, faudrait-il l'ignorer, ne pas vivre de cette Energie, de cette Force de vie?

En chaque être, Dieu habite: consentir consciemment à le rendre manifeste, tel est le sens de notre voyage. Sur la fin de ce XXe siècle, nous sommes devenus capables de percevoir cette réalité et d'accélérer notre évolution en collaborant au processus de sa marche, au lieu de laisser le temps faire le travail pour nous au bout d'interminables méandres.

Amis de toutes les nationalités, pourquoi ne pas mettre tous nos efforts en commun et vivre une grande conspiration d'Amour? Ainsi on déclencherait une puissante force pour purifier cette planète et vivre le plus vite possible: la paix, l'abondance - vivre dans la joie et la dignité notre humanité et notre spiritualité.

Amis de toutes les croyances, les enseignements de Rama, Krishna, Hermès, Moïse, Orphée, Pythagore, Jésus et bien d'autres ont préparé la voie à l'Amour. Cet idéal est dans la conscience de tous mais ce n'est pas suffisant: **IL FAUT LE VIVRE POUR LUI DONNER PUISSANCE**.

Amis de tous les âges, l'Amour est là.
Vivons-le, laissons-le agir,
laissons-le nous libérer dès maintenant.

Ô ÊTRE HUMAIN

Ô être humain,
avant d'entrer en relation avec ta propre divinité
pourquoi tant de doutes et d'hésitations?
Pourquoi tant de fuites et de détours?
Le mouvement qui soutient tout le cosmos et
l'inlassable générosité de la Création
ne te donnent-ils pas suffisamment à t'émerveiller?

> La grandeur du mystère
> te dépassera toujours
> pourtant tu vis de lui
> tous les jours.

Toi qui es à la recherche de ton ciel
et à la recherche de ta terre
accepte l'Amour
pour t'aider à rejoindre les deux bouts.
En toi est cachée une destinée plus grande
que ta course autour de toi;
la vie que tu fais n'est qu'une ombre
que l'Amour peut éclairer.

Ô être humain
unique et merveilleux,
ne sens-tu pas cette poussée au-dedans de toi
du Principe qui cherche à émerger
où tout presse sous forme d'inspiration
et cette attirance du dehors de toi,
toute cette aspiration...
ce même Principe qui veut te submerger;
c'est l'Amour qui cherche à concilier
ta nature divine et ta nature humaine

Et c'est toi la seule résistance.

Qui suis-je?

J'ai un corps physique, j'ai des pensées, des
émotions, des désirs, une conscience, mais
où est le «je suis», où est mon souffle de vie?

C'est moi, ton souffle de vie.....: une toute petite «**flamme
d'Amour**».

Au plus profond de toi-même, je suis là, prisonnière, enfer-
mée, baignant dans une joie intense et tranquille.

Je veux t'aider, j'ai tous les pouvoirs, toutes les visions, mais ta
conscience est tellement peu éveillée, elle se rend à peine
compte de ma présence.

Laisse-moi respirer, laisse-moi étendre cette conscience, laisse-
moi m'intégrer à tes activités mentales, émotionnelles et physiques, laisse-moi participer à ta vie de tous les jours.

Je suis ton **être spirituel**, ton «**vrai Soi**» qui va durer
toujours et toujours et qui peut transformer ton corps
entier en la joie et l'harmonie que je suis.

Ton «vrai Soi» est une petite «flamme d'Amour» de l'Amour
absolu. Ton «vrai Soi» est de nature divine et infinie, c'est pourquoi tu sens en toi ce besoin de toujours devenir plus; cette
petite flamme de Vie veut retrouver partout sa grandeur, son
immensité d'avant.

Toi et moi nous pourrions faire des merveilles
si seulement tu me laissais agir.
Nous pourrions faire une équipe sans pareille,
légers comme l'oiseau, nous pourrions découvrir
l'éternelle éclosion d'une fleur
qui était fleur depuis toujours,
errer vers les horizons d'ailleurs

et les calmes étendues du jour
pour trouver la relation vraie avec le monde
et la magie vivante des ondes.
Eternellement nous pourrions durer
sans toujours être obligés de tout recommencer.
Enfin gorgés de soleil
nous pourrions participer à l'infini
en bâtissant une terre de merveilles
où jouer toute poésie.

L'Amour
et l'être

Dans la structure de l'être humain, plusieurs plans, plusieurs dimensions pourraient être énoncés, expliqués. Presque toutes les cosmogonies s'entendent pour dire qu'il existe une série de sept corps ou plus se superposant ou s'intégrant les uns aux autres. Mais pour en rester à une plus grande facilité de compréhension, tout au long de cet ouvrage, nous les regrouperons à l'intérieur de trois plans.

> - Au niveau physique nous avons des corps de chair, de sang et d'éther.

> - Au niveau psychique, ces autres corps, d'énergies plus subtiles et plus puissantes, vivent de logique, de pensées, d'émotions, de désirs et de conscience.

> - Au niveau spirituel nous vivons de vérité, de beauté, de joie, nous vivons d'harmonie....
> C'est notre corps de **lumière**, c'est la présence de l'Energie-Amour en nous, énergie pure, notre petite flamme, notre «vrai Soi». C'est ce corps spirituel que nous connaissons le moins et qui pourtant a toutes les visions et tous les pouvoirs pour nous libérer à jamais de toute souffrance et nous faire vivre une joie qui dure.

Bien que différents et demandant des besoins spécifiques, tous ces plans vibratoires de vie sont interreliés et interdépendants les uns les autres. Ils devraient s'influencer mutuellement et participer de l'environnement total.

Cependant beaucoup ne sont pas encore éveillés à leur «vrai Soi»; d'autre part la méconnaissance et la mauvaise utilisation des énergies provoquent des blocages, des stagnations, des ruptures... ce qui nous empêche de vivre harmonieusement.

Tout le cosmos vivrait grâce à un processus semblable. Derrière des trillions et trillions de formes différentes il y aurait toujours une petite flamme d'énergie qui donne la vie.

Serait-ce Dieu à la recherche de Lui-même mais d'une façon visible alors que notre humanité serait le point de rencontre conscient du fini et de l'infini? Dans ce cas-là notre voyage serait loin d'être terminé!

Mais réjouissons-nous, dès que nous commençons à nous interroger au sujet de notre être spirituel nous en devenons plus conscient ainsi que de nos vrais besoins. Nous pouvons alors collaborer à le libérer pour ensuite avancer à pas de géant à travers le cheminement de l'évolution.

Réjouissons-nous, jusqu'à présent celle-ci s'est réalisée par des luttes et des souffrances; désormais, l'Amour agissant de plus en plus, elle se fera d'une façon beaucoup plus spontanée, harmonieuse et heureuse.

Comme c'est merveilleux d'être humain
et par l'Amour de participer à notre propre évolution!
Au fait, notre seul travail sur la terre est d'aimer
en acceptant de laisser circuler les énergies
à travers tout ce que l'on fait afin que progressivement on soit
capable **d'être et de vivre** à chaque instant, tout comme le
Divin ou l'Harmonie, la joie et la paix dans tout et en unité
avec tout.

S'aimer
soi-même

Pourquoi s'aimer? --- parce que l'Amour, pour s'exprimer, pour se manifester, a choisi le véhicule de tout ton être ou parce que tout ton être, pour devenir beau et en harmonie, a besoin de l'Amour? Peu importe, il est primordial d'aimer --- ce corps qui va nous aider à traverser toutes les expériences de notre vie, qui va nous aider à nous réaliser, à réaliser l'univers et à réaliser Dieu dans la matière --- ce corps qui est l'instrument de notre propre délivrance à chaque instant du quotidien. S'aimer aussi afin de devenir davantage pour pouvoir mieux aimer les autres ensuite.

Aimer ses corps physique et psychique, vraiment les connaître, les entretenir, les éduquer, les développer; non les gâter de toutes sortes de superflus inutiles mais les faire participer jusqu'à même oser jouir dans sa chair et son esprit.

> – Il faut d'abord s'accepter avec joie tel que nous sommes au moment précis où nous nous regardons – n'envier personne. C'est comme si une violette voulait devenir une rose. Or chaque fleur est en elle-même parfaite dans son épanouissement, elle ne peut pas devenir une fleur d'une autre espèce.

> – Il faut aussi avoir confiance en soi parce que nous ne sommes pas seulement ce que nous voyons actuellement; nous sommes infiniment plus, nous sommes illimités.

Aimer aussi son âme, son Centre intérieur, ce sanctuaire de beauté. Thérèse d'Avila nous parle avec simplicité et enthousiasme de ce lieu sacré et de la nécessité de le découvrir pour rencontrer l'Amour, pour rencontrer son «vrai Soi» et lui permettre de se libérer et de grandir.

S'aimer ...
c'est avant tout se connaître

On a trop souvent peur de se regarder agir, de connaître ses faiblesses, ses capacités, son potentiel. On se fuit soi-même par toutes sortes de distractions, de drogues, d'artifices, de conforts passagers. Par peur ou par honte, on refuse de reconnaître en soi ce qui doit être transformé pour arriver à être libre.

On tombe alors dans le piège de l'ignorance qui fera de soi, tôt ou tard, une victime de ses propres forces mal ou pas utilisées, qui fera de soi un jouet de ses passions et de ses désirs et la proie de tout ce qui lui est extérieur.

> ...Se connaître, c'est se découvrir...c'est s'éviter et éviter aux autres beaucoup de souffrances et de regrets inutiles, c'est se donner toutes les chances de s'épanouir dans la joie le plus rapidement possible.

> ...Se connaître, c'est arriver à se mouvoir au rythme de son horloge biologique et du cosmos, c'est s'apercevoir que nous vivons d'énergies, c'est se rendre compte que nous sommes composés de nombreuses parties et que chacune apporte sa part au mouvement total de notre être.

> ...Et puis pour se connaître réellement il faut aller fouiller à fond, au fond de sa conscience, c'est là qu'on se trouvera, caché quelque part, étouffé par tant d'autres idées, de préoccupations. Ce «vrai Soi», cette petite flamme d'Amour, est le pourquoi de toute notre existence terrestre, et c'est lui qui nous donnera la vision et le pouvoir nécessaires pour agir.

> ...Se connaître nous incite alors à changer, à vouloir devenir beaux et libres, à nous dépasser toujours et toujours, tout comme Jonathan le Goéland de Richard Bach.

23

Toutefois, attention! La connaissance de soi n'est pas l'examen de notre propre pensée, mais des actes que nous produisons. Seules les actions de notre vie nous révèleront qui nous sommes et où nous sommes rendus.

Voici pourquoi c'est dans l'action et à travers les contacts humains que l'on peut le mieux arriver à se connaître, que l'on peut le mieux comprendre le jeu subtil des causes et des effets, des synchronisations, des dualités.

C'est en vivant des expériences que nous pouvons arriver à dépasser nos propres limites, nos systèmes de valeurs. C'est à travers les événements quotidiens vécus d'une façon consciente que l'on se renforce.

A travers tout ça, il faut quand même se garder des moments essentiels de silence, d'observation, d'assimilation.

Se connaître...
c'est respecter ses besoins

Besoin de nourriture, d'eau, d'air, de soleil, d'exercice, de repos, de connaissance, d'Amour. Besoin d'énergies.

Bien sûr, la plupart d'entre nous savons que la nourriture doit être la plus naturelle, complète et équilibrée possible, mais, ce qu'on oublie, c'est le processus de sa transformation énergétique. De plus, elle est sacrée, puisqu'elle est l'offrande de la terre pour tous.

Ce qu'on oublie, c'est que l'eau et l'air que l'on pollue sont aussi une nourriture.

Ce qu'on oublie, c'est qu'il n'est pas suffisant d'avoir une vie longue, il faut aussi rester beau et vigilant afin d'être heureux et de rendre éloge à la Création.

Ce qu'on oublie, c'est qu'on connaît mal ou trop peu son corps, on exige trop de lui, on vit trop dans le stress, la vitesse et la compétition. On ignore presque tout sur les énergies et sur la nécessité d'une bonne circulation de celles-ci pour être en bonne santé.

Ce qu'on oublie, c'est de s'accorder des moments de repos. Au fait, la vraie raison du sommeil ne serait-elle pas de nous permettre enfin de s'offrir un réel silence, une immobilité bienfaisante, une liberté totale, un pur rendez-vous avec soi-même?

Ce qu'on oublie, c'est que les détresses de la vie sexuelle sont celles de tout l'être et c'est pourquoi elles sont si grandes. Aussi, la sexualité n'est pas là seulement pour assurer la reproduction ou conservation de l'espèce. Elle est une manifestation particulière de l'Amour. Utilisée dans une autre optique ou à d'autres fins, elle devient un esclavage, c'est-à-dire le contraire de la libération qu'elle peut apporter.

Ce qu'on oublie, c'est de se nourrir de beauté, de créativité, de se nourrir de simplicité, de paix et des joies gratuites d'une vie harmonieuse. C'est d'être à l'écoute de son corps et de son intuition: les connaissances techniques et intellectuelles ne sont pas suffisantes.

Ce qu'on oublie le plus souvent, c'est de savoir qui on est et quel est le but de notre existence. Alors, plus facilement, nos besoins extérieurs deviendraient en accord avec nos besoins intérieurs.

Ce qu'on oublie, c'est que l'Amour est l'essentiel. C'est la joie, c'est le bonheur quotidien, c'est l'harmonie. Trop souvent on Le considère comme un besoin à part, un besoin qui peut attendre, alors qu'il doit faire partie intégrante de tous nos gestes, paroles et pensées.

Bref, il faut apprendre à se connaître et à vivre avec son être, à le sentir et l'habiter en entier et en toute amitié; parce que bien évoluer dans l'espace et le temps, c'est jouir dans sa chair et dans son coeur, c'est vivre de son physique, de son mental, de ses émotions, de son spirituel et laisser circuler les énergies.

La conscience

«Bien qu'elle soit indéfinissable, qu'elle ne peut être connue qu'en devenant cela» nous disent les Upanishades, la conscience serait le canal nous permettant d'accéder à la Conscience Divine Universelle.

Tout comme la vue humaine n'épuise pas toutes les gradations de couleurs, il en est de même de notre conscience qui présentement ne peut percevoir qu'une infime partie de la grandeur du plan cosmique ainsi qu'une infime partie de la beauté et de la puissance du jeu des vibrations.

Par tous les moyens, il faut essayer d'éveiller cette conscience, de l'étendre, de l'élargir jusqu'aux confins du subconscient et du supraconscient, jusque dans les profondeurs de la terre et aux extrêmes limites de l'univers, pour qu'enfin elle libère entièrement notre «vrai Soi». Il n'en tient qu'à chacun de nous de communier, de se fondre, de participer de plus en plus intensément à toute la richesse de la vie dans la sérénité et la joie.

Depuis seulement quelques années, il n'y a aucun précédent dans l'histoire quant au nombre d'ateliers et de mouvements pour nous aider à explorer cette conscience. Plusieurs théories sont valables; cependant la méthode **la plus simple, la plus globale et la plus rapide est d'agir amoureusement ici-maintenant et en tout**.

L'Amour est plus
que la pensée

**Nous sommes tellement plus
que ce que nous pensons être.**

La pensée a formé cette culture de domination, de compétition, d'illusoire interprétation et de vie artificielle. Elle est très conditionnée par la peur de tout jusqu'à celle du ridicule, par les conditions extérieures et les propagandes de toutes sortes; pourtant, c'est cette même pensée qui tâtonne pour trouver l'ordre et la paix. Mais quoi qu'elle puisse faire, elle ne trouvera jamais ni ordre, ni paix.

La pensée devra se rendre compte qu'elle ne peut faire ou donner plus que ce qu'elle est, c'est-à-dire, une partie d'un tout; elle devra se taire et laisser agir l'Amour qui est le Tout.

Joel Goldsmith a écrit «l'être humain ne peut vivre sans son mental, ne peut rien faire en ce monde sans son mental, mais vous ne pouvez atteindre le Divin par le mental, par la pensée. Laissez toute pensée, poursuit-il, abandonnez la croyance qu'il y a quelque chose que vous pouvez faire en quoi que ce soit. Lâchez prise, tenez-vous tranquilles et laissez Dieu être Dieu».

Autrement dit, laisse l'Amour être l'Amour, laisse l'Amour agir à travers toi. On a trop visé sur le mental, on a voulu le maîtriser de toutes les façons et lui faire faire ce qui est au-delà de ses capacités. Il devra reprendre sa juste place, et redevenir instrument indispensable de discernement et canal d'énergies par où s'écoule l'Amour, la Réelle Puissance, capable d'inspirer, de créer, de guérir, de faire saisir, capable de transformer, capable de rétablir et maintenir la paix.

Pensée positive! Pensée créatrice! Qu'en est-il de ces deux termes dont on entend parler de plus en plus souvent?

L'être humain est doté du pouvoir exceptionnel et grandiose

d'utiliser la Force divine ou énergétique pour façonner lui-même les conditions de son existence selon son libre arbitre. Cette Force passe par lui, s'imprègne de l'aspiration ou du désir qu'il veut bien lui donner, et continue son chemin jusqu'à la réalisation partielle ou complète de cette aspiration ou de ce désir, selon que cette Force est suffisamment soutenue et diri-gée par sa pensée. Cette dernière, comme un aimant, attire tout ce qui se trouve en affinité avec elle. Ainsi fécondée par de multiples vibrations semblables, la pensée se condense de plus en plus, et prend bientôt une forme matérielle nouvelle. On dit alors qu'elle est créatrice.

Toutefois, ce qu'il faut aussi savoir, c'est que cette Force agit autant vis-à-vis l'aspiration-pensée négative que positive. Des pensées de telles sortes de vibrations attirent et réunissent d'autres éléments de même niveau de vibrations. Donc plus on pense violence - pauvreté — plus on s'attire de la violence - de la pauvreté --- plus on pense Amour - Harmonie --- plus on s'attire de l'Amour - de l'Harmonie.

Le mental est l'instrument le plus extraordinaire que nous possédions. L'une de nos grandes responsabilités est d'apprendre à le contrôler, à bien l'utiliser et à l'ali-menter de désirs ou besoins venant de notre «vrai Soi». Il n'en tient qu'à toi de penser paix, joie, abondance, santé, liberté, connaissance, beauté, vitalité, justice, puissance, harmonie..... pour toi et pour tous les autres, car rien n'est impossible à l'Amour, cette Force qui n'attend qu'à être dirigée.

L'Amour et
la sentimentalité

Que de confusion et de perturbation dans le domaine des sentiments et des émotions! Et comme nous nous complaisons à raconter nos bobos, nos peines, nos chicanes, comme nous avons tendance à bien nourrir une angoisse.

Encore une fois c'est le silence,
la tranquilité et l'Amour
qui vont venir à notre secours.

Dans le silence, tu vas vite t'apercevoir que ce que tu considères comme ta peine, ton désir de domination ou d'attachement, ta peur, ta colère, que rien de tout cela n'est ton «vrai Soi». Tout te vient de l'extérieur. De plus, tu t'apercevras que l'être qui vit d'Amour se bâtit automatiquement autour de lui une enveloppe protectrice de vibrations différentes de tous ces sentiments-là.

Observant toujours dans le silence, bien vite tu discerneras les vibrations de dépression, de pitié, de jalousie, d'orgueil, de tristesse, d'égoïsme.....tu les sentiras maintenant venir à toi, parce que différentes, et tu pourras choisir de les refuser. Au contraire, si tu choisis de les laisser t'envahir, alors elles te blesseront, te saliront et t'affaibliront inutilement puisqu'elles n'ont aucun pouvoir pour t'aider ou pour aider les autres.

Il ne s'agit pas d'ignorer ou de refouler les émotions, elles existent et nous apprennent beaucoup sur nos rapports avec les autres et notre environnement. Il s'agit d'être capable de ne pas s'identifier à elles. C'est l'attachement aux états émotionnels qui est nuisible et rend difficile une claire vision de la réalité, qui crée des blocages, des noeuds de tension un peu partout dans ton corps et qui empêche les énergies de bien circuler et de te maintenir en santé.

Avec l'amour, les vibrations denses et obscures

devraient toutes se transformer en vibrations légères et lumineuses. Accepte que l'énergie agisse par toi, alors progressivement, il n'y a plus de violence, plus d'inquiétude, plus de rancune..... mais à la place tu vis la joie, tu deviens **JOIE**. C'est la façon la plus formidable de s'aider et d'aider les autres.

Il est important de rester calme, de te connaître et de ne pas te laisser influencer par les événements extérieurs. Il est important que tu saches que l'angoisse vient d'un manque d'Amour, c'est-à-dire de lumière et d'énergie, et qu'il est essentiel de combler ce manque. Sans cela, tu ne pourras jamais aller très loin dans la vie, dans la société, dans l'univers; car tu seras balayé par tous les vents, tu seras vite fatigué, déprimé et épuisé.

Nous sommes des humains et tous nous sommes poursuivis par les sentiments et les émotions; mais ne nous laissons pas avoir: réagissons et contentons-nous d'aimer et d'être JOIE.

L'Amour dans notre subconscient et notre supraconscient

Là aussi, il y a du ménage à faire, mais sans tout faire rebondir à la surface; autrement dit sans jouer dans les ordures ou avec le feu, car c'est l'Amour qui descend dans les profondeurs, qui purifie, qui guérit et qui, avec sa lumière, fait reculer l'obscurité, allège la densité.

L'Amour, avec sa vision totale, voit la force dynamique sous le jeu des contraires, voit le bien qu'un certain mal prépare et ne balaie pas tout à tort et à travers. Le travail se fera plus ou moins rapidement selon notre détermination à laisser agir cette Energie, mais il se fera sans nous faire perdre l'équilibre.

> L'Amour travaille sur tous nos plans de conscience à la fois....Il ne suscite jamais plus de résistance du subconscient que nous ne pouvons en supporter, et jamais Il ne dévoile du supraconscient plus de lumière que nous ne pouvons en contenir.

> Et à chaque fois qu'entre les deux, notre conscience éveillée fait vers le haut un pas imprégné d'Amour, elle en fait un vers le bas; comme si seul l'Amour qui vient d'en haut pouvait affronter l'obscurité du bas et tout transformer en lumière, jusqu'au jour où le bas et le haut se rejoignent dans une joie totale.

> Un peu comme si l'Amour réunissait le ciel et l'enfer sur la terre et dans notre être et nous en faisait sortir triomphant.

L'Amour
et la spiritualité

Religion et spiritualité ne sont pas synonymes. En principe, le rôle de la religion devrait être d'aider les êtres à atteindre leur réalisation spirituelle car tous, à un moment ou à un autre, avons besoin de guide, de soutien.

Malheureusement il y a tout cet amas de dogmes, de hiérarchies, de commandements, d'interdits; il y a tellement de choses qui passent avant l'unique message essentiel que les religions, quelles qu'elles soient, se détruisent d'elles-mêmes.

Pourtant toutes étaient porteuses du plus pur des messages: celui du Divin, celui de l'Amour. On n'en a sûrement pas compris toute la beauté, toute la profondeur, toute la grandeur pour ne pas l'avoir considéré avec plus d'importance... ou peut-être bien que nous n'étions pas prêts collectivement à le vivre... que le moment n'était pas venu...

La spiritualité: **c'est se rendre compte progressivement de notre être spirituel, de la présence de Dieu en nous, de la présence de l'Amour en nous**.

Etre conscient de son être spirituel et essayer d'en vivre, c'est accroître, c'est augmenter notre vision et notre pouvoir pour continuer à tout rendre beau et harmonieux sur cette terre. C'est aussi sentir l'Unité avec tous les autres humains et tout le cosmos.

Amour...
simplicité...

... Qui rend le mental limpide comme du cristal, qui nous aide à jouer avec les émotions, neutraliser les désirs, harmoniser nos comportements, qui nous remet sur le chemin de la sérénité et de la liberté. N'est-ce pas une fonction de l'Amour de dépouiller l'être du superflu?

L'humanité doit retrouver l'enfance, non une enfance bégayante, mais la véritable innocence. Elle doit faire un retour à la simplicité native qui nous amènerait à une certaine facilité de communication et d'intégration à la nature, à tout le cosmos, qui nous amènerait à communier avec notre nature spirituelle.

> Cela a l'air de tellement rien
> qu'on passe à côté;
> cela semble tellement facile qu'on
> le considère comme insignifiant, qu'on
> perd cette simplicité qui est notre
> plus précieuse amie.
> Alors que l'être simple sait qu'il a tout
> à apprendre, tout à se rappeler.

La vie c'est soleil, joie,
c'est partage des tâches,
c'est partage de l'abondance,
c'est beauté de couleurs,
c'est musique de vibrations.
La vie, c'est Amour,
liberté de sourire, de choisir, d'agir, d'évoluer.
**L'Amour est un chemin des plus simples
qui s'offre à tous les êtres;
c'est nous qui nous compliquons l'existence.**

L'Amour
et la motivation

La vie vaut-elle d'être vécue? Le chemin devant moi conduit-il quelque part ou à une impasse?

Seule une raison vraie et importante motivera les jeunes et les autres à ne pas décrocher, poussera l'humanité à aller plus loin et à collaborer, et soutiendra l'effort de chaque être vivant.

Cette motivation se trouve dans la considération de la valeur intrinsèque du phénomène humain, nous dit Teilhard de Chardin: «Continuez à tenir l'homme pour un surcroît accidentel ou un jouet au sein des choses et vous l'acheminez à un dégoût ou à une révolte. Reconnaissez au contraire, que l'homme participe à la continuité de la création de l'univers et vous lui tournez le visage vers un grand soleil levant».

L'éternité s'invente, d'une façon imprévisible mais toujours plus enrichie, à travers la participation de tous. Dans le plan de la création, le plan de l'Amour, chacun a sa raison d'être, sa joie d'être. Chacun a une place et un rôle différent à jouer. **Nous faisons tous partie d'une oeuvre collective à bâtir tout en collaborant à notre propre évolution, et l'Amour est là comme énergie pour générer la Vie**. Si nous ne l'utilisons pas tout devient absurdité, déception, souffrance, lutte. L'Amour qui est le fondement de chacun de nous, nous éveille à sa propre force, nous fait faire notre propre transformation et celle de la terre entière

> «..... je sens d'une façon mystérieuse
> qu'il y a un appel,
> un appel silencieux qui émane de la misère;
> des larmes de silence
> et au plus profond de moi-même
> j'entends cet appel... un murmure...
> la vie a un sens mais seulement dans la mesure
> où je découvre l'Amour».
> *Jean Vanier*

Le grand défi d'aimer

C'est le défi de toute une vie... éternelle,
c'est le défi de notre propre évolution,
c'est le défi **le plus motivant, le plus beau, le plus réel**.

.....Aimer assez pour y trouver sa joie, son bonheur... aimer
assez pour combler tous nos vides, nos mille petits besoins qui
se résument en un intense besoin d'infini...aimer assez pour saisir une vérité qui va nous libérer de toute notre misère.

> Pour être en bonne santé, l'être humain a besoin
> d'avoir un but qu'il puisse respecter et pour lequel il
> soit fier de travailler.

> Cependant, chacun, chaque espèce a ses propres limi-
> tes et il ne peut agir de son mieux, progresser davan-
> tage, qu'à l'intérieur des limites déterminées par son
> potentiel inné. Si tu ne puises pas ailleurs tu es donc
> piégé dans ton propre circuit fermé.

> L'Amour t'apportera ce **quelque chose d'autre** qui
> fait éclater les limites physique et psychique et te per-
> met de participer à l'infini; et c'est ce **quelque chose
> d'autre** qui t'aidera à réaliser tous tes défis.

Bien qu'il faille toujours être en état de recherche - peu
importe le temps que ça prend - il ne faut rien bousculer - tout
est si fragile. Le moment présent et l'éternité sont nos amis. La
vie étant évolutive, on avance progressivement par des milliers
et des milliers de petits défis, des milliers et des milliers de peti-
tes expériences. Jour après jour, instant après instant, doucement la lumière se fait.

L'Amour
est harmonie

Laissé à lui-même, le monde s'éparpillerait, se dissoudrait immédiatement. Tout le cosmos est soutenu avec grande précision par un vaste mouvement d'Amour, par une Energie intelligente. Tous les changements qui se passent sans cesse suivent une évolution et non pas une agitation à tout hasard.

Ce libre mouvement n'est pas tissé de pensées, de désirs, de doutes, de connaissances ou de vertus, il n'est pas tissé de lois ou de miracles ou d'efforts ou de mérites ou de fréquences. Ce libre mouvement est plutôt de vérité, il est de beauté, il est d'unité, il est de joie, il est d'énergies.

Tout devient possible à celui qui se laisse porter par ce **mouvement d'Harmonie**; tout devient chant pour celui qui vibre à l'unisson de celui-ci; comme tout peut devenir discordance si nous ne sommes plus accordés au grand Rythme cosmique.

Heureusement, quel que soit l'instant de notre vécu quotidien, il nous est toujours possible de nous réajuster, d'élever nos vibrations à cette harmonie divine et, alors, d'être émerveillés de revoir l'Amour agir à travers nos paroles, nos gestes, nos rencontres, même à travers nos embrouillements de douleur, de détours, de recherches...

Est-ce facile à vivre?
Progressivement oui. Il n'y a pas de secret.
Tout est là sous nos yeux, nous baignons dans la Substance cosmique, dans un Océan d'énergies. Il s'agit d'être réceptif et de laisser circuler.... Arrêtons de dire - la paix, la joie, la santé, l'abondance, la liberté ne sont pas possibles et tout deviendra possible. **Arrêtons de résister, vivons au diapason de l'Amour et nous deviendrons harmonieux.**

L'Amour: le pouvoir
le plus irrésistible de l'univers

Il est la pulsion fondamentale du genre humain, de tout le cosmos; Il renferme en Lui toutes les conditions, toutes les méthodes, toutes les possibilités par lesquelles l'être humain peut atteindre son plein développement.

De mille manières l'Amour conduit ton regard jusqu'à lui faire découvrir l'immense simplicité, l'immense beauté, l'immense vérité des choses.

De mille manières, sous l'éveil d'initiations terribles et douces, l'Amour fait franchir les cercles de la vie pour en arriver à ne plus rien voir hors du milieu où tout n'est qu'UN.

«C'est un pouvoir direct, sans aucun intermédiaire déformant, sans aucune intervention diluante. C'est un pouvoir instantané et global. C'est un pouvoir d'entrer dans la vérité de chaque geste et de chaque circonstance. C'est un pouvoir de concrétisation de la Vérité qui agit directement sur la même Vérité contenue dans chaque point de l'espace et chaque seconde du temps, ou, plutôt, qui contraint chaque moment, chaque circonstance, chaque geste, chaque cellule de la matière à rendre sa vérité, sa note juste, son propre pouvoir enseveli sous les couches de nos additions mentales et vitales».
Sri Aurobindo

Comparativement à ce que l'Amour peut réaliser, les pouvoirs physiques et psychiques sont bien petits et partiels. De plus il faut sans cesse prendre garde de ne pas tomber dans le piège de leurs fascinations, s'en contenter et arrêter notre marche vers la libération totale.

Quant au pouvoir de l'Amour ou du spirituel, c'est l'action

divine, notre «vrai Soi» qui agit. Il se reconnaît à ce qu'il se réa-lise dans la **joie** et dans l'**abandon complet**, sans même une recherche de satisfaction.

L'Amour
est pardon

Il semble que pardonner soit parmi les actes les plus difficiles à faire; pourtant c'est très important, **c'est essentiel car c'est le point de départ**.

Aussi grande soit l'injustice ou l'erreur, aussi grande soit la blessure, tant que tu ne te pardonnes pas ou que tu ne pardonnes pas à ton ennemi-ami, aucune science, aucune technique ne peuvent t'aider à trouver l'harmonie, à être heureux. Fuir, détester ou se venger n'arrange rien, bien au contraire, ça ne fait qu'engendrer plus d'agressivité.

Arriver à pardonner, c'est arriver à passer à travers une des plus grandes initiations de la vie. Incapable de le faire seul, on doit aller au Centre de soi chercher l'Amour pour avoir la force nécessaire de se rendre jusqu'au Centre de l'autre. Si on reste au niveau de la logique, de la discussion, on ne pourra jamais pardonner, jamais être libre.

Cette façon de procéder est la seule qui soit valable pour se décharger d'un lourd fardeau de rancune, d'hostilité, de culpabilité et d'éléments négatifs que nous traînons pour rien, rien, rien et qui nous empêche de nous mouvoir librement aussi vite et aussi loin que nous le voudrions. Cependant il est possible de ne plus accumuler de fardeau.

Pense que ni toi, ni personne d'autre n'est coupable de quoi que ce soit. La vie est remplie d'expériences plus ou moins réussies et réalisées par des êtres humains en évolution, donc imparfaits. Seul l'éveil à l'Amour fera comprendre que certains gestes sont bons alors que d'autres sont nuisibles, destructeurs, stupides. Seul l'Amour permet d'éclairer et de donner le courage de changer certains comportements.

L'Amour
est réconciliation

Après s'être pardonné à soi-même, il ne faut plus douter de l'effet de l'Amour qui nous envahit, nous purifie. Immédiatement on commence à se réconcilier, à redevenir amoureux de son être. On arrête de s'autopunir, de se blesser pour nos ignorances passées, on accepte de se regarder en profondeur et de s'aimer. On collabore à laisser les énergies circuler de nouveau.

Et puis on se réconcilie avec l'univers, avec la société, avec les autres. Même s'ils ne nous semblent pas sincères ou même s'ils nous semblent un peu méchants, disons-nous qu'ils sont moins éveillés à l'Amour et que plus que quiconque ils en ont besoin.

Pardonner, se réconcilier n'est pas humiliant. C'est valorisant, c'est libérant; c'est arrêter de nourrir la haine et arrêter la chaîne du karma. C'est arrêter de se fatiguer et de perdre son temps à élaborer des plans de fuite, de vengeance ou des jugements mesquins.

Se réconcilier, ce n'est pas approuver - c'est essayer d'aimer sans condition : l'énergie subtile mais puissante de l'Amour se charge alors de transformer les relations conflictuelles en rapports positifs, harmonieux et pacifiques.

Se réconcilier, c'est éviter une longue et épuisante psychanalyse seulement pour donner une réponse à son mental qui devra, de toute façon, prendre une décision et ensuite mettre à exécution cette décision. **Se réconcilier, c'est au moment même RECOMMENCER A NEUF.....recommencer à neuf plein d'Amour, plein d'Energie, plein de Joie** comme un petit enfant le fait.

L'Amour
est croissance

L'univers entier vit d'un processus continuel de transformation. Tout comme la semence pour devenir arbre et donner des fruits doit d'abord faire éclater son enveloppe et ensuite subir le processus de croissance, il en est ainsi de l'être humain qui doit aussi faire éclater la coquille de sa conscience et s'ouvrir à l'Amour.

Le jour où tu auras compris que tout le savoir est en toi, que toutes les aptitudes, qualités, dons et charismes sont en toi, que tout sommeille et que seules la chaleur et la lumière de l'Amour sont nécessaires pour que tout s'éveille et croisse en un irrésistible élan vers tout ce qui est beauté, vérité, liberté et harmonie, alors à partir de ce jour, tu t'épanouiras vite et tu donneras des fruits.

Jusqu'à maintenant, pour la plupart d'entre nous, la croissance matérielle avait été presque notre seule préoccupation. Cependant, depuis quelques années, et c'est sûrement là le signe d'un point tournant important, d'une transition vers une nouvelle ère, toute la Sagesse des grands initiés (depuis toujours gardée secrète) nous est maintenant révélée pour nous aider dans notre croissance intérieure et spirituelle. De plus nous sommes encouragés par des mouvements de développement du potentiel humain, de santé holistique, d'écologie, de pensée positive, de méditation de groupe, par divers mouvements spirituels qui explorent la conscience, par des communications au niveau planétaire, par la simplicité volontaire comme style de vie pour une économie mondiale plus juste, par des mouvements spontanés de fraternité, de prise de conscience de l'interrelation de la grande famille humaine, par des mouvements d'un réel vouloir de la paix....

Il est reconnu qu'il existe différents niveaux d'être, que certains sont plus avancés que d'autres; cela fait partie de l'évolution et c'est notre responsabilité et aussi notre bonheur que d'accéder à un plus haut degré possible de réalisation de nos potentialités.

Une croissance physique, psychique et spirituelle est nécessaire pour évoluer en harmonie. Celle-ci est relative à notre capacité de s'aimer et d'aimer, et elle se fait dans la mesure où l'être humain consent à lâcher prise, à utiliser mais aussi à dépasser son raisonnement, à être vrai dans ses relations envers lui-même et envers les autres, à se fier à la force et au pouvoir de l'Amour; alors tout nous devient possible puisque c'est Lui qui agit par nous.

L'Amour
est vrai

Au lendemain de l'assassinat de sa femme, un folkloriste belge a écrit: «c'est la société qui est malade, il nous faut la remettre d'aplomb et d'équerre par l'Amour. Moi qui ne suis qu'un comédien qui fait du rêve avec le vent, je prend la liberté de vous dire aujourd'hui qu'il faut s'aimer avec ou sans raison».

C'était une parole juste, car il n'est de réel et de vrai que l'Amour, et c'est sûrement à ce sujet que notre ignorance est la plus grande. Nous sommes rendus à valoriser le système et à nous valoriser par l'argent que nous possédons.

Notre société commence à peine à voir sa stupidité à travers tous les événements néfastes qui surviennent quand on vit égoïstement et sans comprendre le pourquoi de l'existence.

> Le vieux moule craque
> le masque se défigure
> et c'est tant mieux
> le soleil pourra entrer.

Découvrons et valorisons notre être et bien vite nous allons acquérir la joie de vivre et l'harmonie.

Quand tu vis d'Amour, tu vis dans la Réalité où tout a une saveur de sérénité et de rassasiement. Si tu en sors tu perds ta lumière, ton abondance, ta joie et tu te retrouves où tout est contradiction, tromperie, affaire d'argent, de compétition, de déception, de frustration. Tu te retrouves avec des problèmes et des maux sociaux en quantité et en énormité et partout avec des gens tristes, exploités, stressés, terrorisés et traumatisés.

L'Amour peut t'apprendre à redevenir vrai. Si on peut tricher avec les autres, on ne peut pas le faire avec Lui; car à l'instant même on n'est plus dans le grand mouvement d'harmonie et c'est la confusion, la lutte

dans le vide, la course en rond vers nulle part, l'accumulation de rien. On redevient vrai et au même instant tout redevient harmonieux et possible.

L'Amour peut te faire passer du stade des vérités fermées au stade des vérités ouvertes. Il nous fait voir
une vérité qui embrasse tous les points de vue et voit
l'utilité de chaque chose à chaque stade d'un développement infini. Il nous fait voir une vérité assez grande
pour se nier elle-même et passer sans fin à une vérité
toujours plus haute et libératrice qui à la fois contient
et exclut tout ce qui existe déjà. Il nous fait voir que
l'erreur est une demi-vérité car c'est toujours la
lumière ici-bas qui avance dans l'obscurité, qui avance
à sa propre rencontre.

L'Amour peut t'aider à demeurer constant et fidèle à
toi-même, aux responsabilités de tes actes, à ton union
et à ta participation avec tous les autres parce que
Lui- même est immuable en son harmonie totale.

**Sois vrai envers toi-même et ce qui te fait honte,
change-le**. Tout le reste n'est qu'illusions, qu'un feu
d'artifice impressionnant mais éphémère.

L'Amour: la baguette magique de l'abondance

«Je suis venu pour qu'ils aient la vie
et qu'ils l'aient en abondance»
Jésus

Cette vie c'est l'Amour...l'Amour qui se manifeste différemment pour combler nos besoins aux points de vue matériel, intellectuel, affectif, spirituel.

Malheureusement, ce message n'a pas été compris et les êtres humains, s'étant éloignés de cette Source infinie, ont continué à accumuler, à conquérir, à exploiter, puis à défendre leurs biens, à épier, à s'épuiser avec les résultats de souffrance, de misère et de violence que l'on connaît.

On a ensuite oublié que l'abondance qui nous vient de l'Amour nous est donnée par un effet d'échange. Sais-tu que la meilleure façon de faire fructifier un trésor c'est de le partager pour qu'il devienne la semence d'une prochaine récolte? Et puis:

à quoi sert la beauté qui n'est pas partagée.....
à quoi sert la connaissance qui n'est pas partagée.....
à quoi sert l'abondance qui n'est pas partagée.....
à quoi sert le soleil qui n'est pas partagé.....
à quoi sert l'Amour qui n'est pas partagé.....

Tu vois que tu n'as pas à t'inquiéter, à douter, à accumuler si tu collabores avec la vie, si tu apprends à puiser à l'Océan illimité, si tu rayonnes d'Amour.

Tout est là, il ne nous suffit que de l'utiliser. C'est la «peur du manque», la peur qu'il n'y en ait pas assez qui nous pousse à nous cramponner à ce que nous possédons et qui **arrête ce merveilleux courant d'énergies.**

Avec l'Amour,
tel un soleil,
je rayonne la joie

L'Amour
est compréhension

Saisir la raison de notre existence, nos mécanismes de fonctionnement, la source de nos maux, découvrir et savourer l'essence de l'être, pouvoir expliquer le pourquoi des choses: savoir.....est un de nos plus grands désirs.

La compréhension intellectuelle ne peut pas, à elle seule, donner des réponses à toutes ces questions. «L'intelligence peut comprendre n'importe quelle partie d'une chose comme partie, mais non comme un tout. Elle peut comprendre tout ce que Dieu n'est pas» R.H. Blyth.

Il y a aussi, bien sûr, la compréhension par identification, celle holographique et bien d'autres mais elles restent toujours à l'intérieur d'un cercle fermé, d'un cercle fini.

La compréhension amoureuse est une compréhension intuitive venant de notre être spirituel; elle jaillit directement de notre petite flamme d'Amour - de Dieu - c'est pourquoi elle peut tout révéler, tout inspirer, tout saisir, tout discerner.

Elle a un sens immédiat de la totalité, une vue d'ensemble du processus de la vie qui peut nous faire voir les étoiles même à la lumière du jour. Elle nous **relie** directement à la source de tout et à l'harmonie universelle.

C'est par cette forme de communication que notre être spirituel peut nous dire ce qu'il est, nous livrer son propre contenu et sa vision spontanée des choses.

Présentement, la plupart du temps, les éclairs de perception, les pressentiments, les «flashes» que nous saisissons sont flous et isolés, mais il n'en tient qu'à nous d'être davantage à l'écoute de notre intuition.

L'Amour,
quel festin de générosité!

L'Amour se génère sans cesse, Il est inépuisable, intarissable de toute éternité.

Cependant la richesse qu'il procure n'est peut-être pas celle que tu penses. Il nous permet de DEVENIR davantage plutôt que de POSSEDER davantage.

Posséder --- c'est un acte incomplet et limité à un besoin particulier, c'est un acte temporaire rattaché à une nécessité terrestre.

Devenir --- c'est s'affranchir de tout esclavage. Devenir libre, autonome, capable d'utiliser tout son potentiel et de dépasser le fini, le limité. Devenir un être complet, devenir amoureux et participer de la joie de l'Amour, de la créativité de l'Amour, de l'éternité de l'Amour, du pouvoir de l'Amour.....

Je suis paix ..... je suis joie ..... je suis abondance ..... je suis harmonie ..... je suis puissance ..... je suis lumière ..... je suis éternité ..... je suis beauté ..... je suis créativité ..... je suis connaissance ..... je suis musique ..... je suis vérité ..... **JE SUIS TOUT EN DEVENIR ..... ET C'EST L'AMOUR QUI ME FAIT DEVENIR.**

L'Amour
est plus qu'espoir

N'est-ce pas merveilleux de savoir
que l'Amour peut tout!
Aussi déshérité, souillé, blessé parais-tu,
tu es un être humain rempli de potentiel.
As-tu fini de douter?

Que ce soit à travers un homme, une femme, un événement,
un geste, un livre, un mot, un regard, si tu y es réceptif,
l'Amour sera toujours là pour te tendre la main: il n'y a plus de
problèmes, il n'y a que des solutions.

On ne peut pas reculer dans le passé. Arrête d'y penser et
recommence au moment même où tu lis ces lignes. Le présent
n'est que perpétuelle naissance, il est là avec tout ce qui se présente; et toute idée de libération qui te vient est une semence
qu'il suffit de nourrir d'Amour pour qu'elle devienne moisson.
Où vois-tu qu'il y ait lieu de désespérer?

Accroche-toi à ton «vrai Soi», éveille-toi à lui et c'est lui qui va
te faire émerger vers la lumière, qui va t'aider à faire arriver
l'impossible. Finies les attentes dans le désespoir, l'Amour est
une énergie agissante. A partir de maintenant choisis et entre-
prends d'être heureux. **N'oublie pas que le plus grand obstacle à l'Amour, et celui qui résume tous les autres, c'est toi-
même. Plus tu permets à cette Energie de circuler, plus la
Force en est puissante**.

Quant à beaucoup d'entre nous, soyons logiques et
francs: arrêtons d'aider les pauvres, les plus démunis
ou les autres tout en continuant de les exploiter et
ainsi leur donner de faux espoirs. Ou arrêtons d'entretenir un système social non adapté pour des humains.
Décidons de laisser circuler l'Amour librement et
voyons chacun devenir beau et fort par lui-même, à sa
façon et dans son environnement particulier.

L'Amour
est patience

«Vous qui vous plaignez qu'on vous fasse souffrir,
croyez-vous ne faire souffrir personne? Vous qui êtes si
choqués des défauts du prochain, vous imaginez-vous
être parfaits»?

Fénélon

Quand je vois toute l'injustice, la pollution, la violence et la
misère partout, j'ai tant et tant de raisons de vouloir tout cham-
barder, tout abandonner ou tout transformer d'un seul coup.
Pourtant l'Amour me dit aime et sois patient.

**CHANTE TON AMOUR,
DIS-LE,
CRIE-LE,
MONTRE-LE,
RAYONNE-LE**
afin de **réveiller**.....mais laisse chaque être humain, et, par
richochet, l'humanité entière, vivre au rythme de sa saison - la
saison des neiges, la saison des bourgeons, la saison des migra-
tions, la saison d'obscurité, peu importe... tout est si fragile... il
faut juste encourager, soutenir, diriger chacun vers son Centre,
vers son «être spirituel» là où nous nous rejoignons tous. Vouloir
changer l'autre ou faire à sa place, c'est lui voler sa dignité
d'être, sa responsabilité, sa liberté et sa libération. Chacun doit
décider de changer de lui-même et, si parfois tout ne semble
que stagnation pour toi ou pour les autres, souviens-toi que
c'est peut-être une période d'assimilation - rien ne se perd! Con-
tinuons d'être amoureusement là!

«patience, patience,
patience dans l'azur!
chaque atome de silence
est la chance d'un fruit mûr»!

Hubert Reeves

L'Amour
est improvisation

L'Amour est vivant, créateur parce qu'Il est libre dans ses mouvements bien qu'immuable en Lui-même. L'être humain doit se mettre au diapason de Celui-ci pour en participer.

Il est important de savoir où on va, de savoir ce qu'on choisit de faire concrètement pour donner un sens à la Vie. Mais en cours de route - improviser sans arrêt dans le moment présent.

Si pour vivre il faut une certaine dose de sécurité, il faut aussi être capable de renoncer à certaines habitudes anciennes et familières, être capable de renoncer à la position et à l'identité qui étaient les nôtres auparavant, avoir le courage d'essayer et d'accepter le changement. La souplesse consciente devant l'inconnu, l'abandon total à l'Amour conduisent à la croissance. Toutefois cet abandon au flot d'Energie universelle qui semble naïveté, capitulation, impuissance n'est qu'apparence...

n'étant point figé dans une idée
    il y a place pour plusieurs idées,

n'étant point figé dans une structure
    il y a ouverture sur plusieurs possibilités,

n'étant point figé dans une certitude
    il y a liberté infinie d'inspiration sans restriction,
    il y a liberté infinie d'aller plus loin.

L'Amour
c'est tendresse

C'est cette douce brise qui réchauffe et réconforte au bon moment –

c'est ce mélange de sollicitude et de gentillesse que l'Amour nous permet d'offrir juste pour la joie qu'il procure –

c'est l'attention qui fait découvrir l'être humain derrière les trop nombreuses étiquettes –

c'est cette capacité d'entrer dans l'infini et le fragile mystère déroutant de l'autre –

c'est aimer avec Amour,
c'est presque la passion en douceur –

c'est avancer pas à pas, sans effrayer, c'est apprivoiser sans susciter l'admiration, offrir ce qu'on a de plus précieux avec simplicité –

c'est cette approche amoureuse et contagieuse. L'autre ne se sent plus menacé et à son tour il va oser aimer.

Moi aussi j'aimerais vivre la tendresse, mais comment faire?

Je suis agressif, j'ai été élevé dans la violence, on m'étiquette puis on me corrige par la violence; je ne connais pas autre chose, comment veux-tu que je vive autre chose?

L'Amour
est musique

La musique ainsi que l'Amour sont universellement connus et sont seuls à parvenir à faire taire toutes les questions, à bloquer tous les flots bondissant des images, des idées ou des désirs.

Dans ce repos-là, on connaît un bonheur, une plénitude et une harmonie.

Si nous le voulions vraiment, nous pourrions vivre cette joie à tout instant, car elle est notre véritable état dès que le souci a disparu.

Celui qui vit d'Amour
entend la musique de l'univers,
cet agencement,
cette organisation à tous les niveaux de la nature,
ce doux bruissement de la vie,
cette forme directe de beauté,
cette harmonie,
ce que les mots ne pourront jamais dire.

L'Amour ...
à la quête de l'infini

Vouloir toujours aller plus loin, plus haut, plus profondément ... que ce soit vers les étoiles, la connaissance, la possession de richesses ou de pouvoir... désirer être aimé sans limite, sans restriction et éternellement ... c'est en un sens la beauté et la tragédie de l'être humain: être fait pour l'infini et être à la fois aussi limité présentement. Voilà toutes les luttes de la vie, toute l'angoisse de l'humanité qui essaie de marcher seule.

L'évolution nous a amenés au stade d'être humain, mais nous ne sommes pas rendus au bout du chemin. Nous avons à **spiritualiser notre humanité**.

Heureux toi qui décides de continuer en **vivant** d'Amour, en laissant éclater les contraintes, les barrières pour dépasser tes limites et te laisser porter dans l'abondance et la joie de l'infinité.

En nous transformant, l'Amour nous fait participer progressivement de sa nature illimitée et, peu à peu, nous nous rendons compte que tous nos petits finis, même nos actes incomplets et éphémères, nous conduisent vers l'infini.

Heureux toi qui décides de continuer en **vivant** d'Amour! Tous les horizons t'appartiennent.

L'Amour,
un vrai don

La fleur est là, tout simplement,
avec son parfum, sa beauté...
le soleil est là, tout simplement,
avec sa lumière, sa chaleur...
l'Amour est là, tout simplement,
avec sa pureté, son harmonie, sa joie, son pouvoir...

Cet Amour, s'adressant à n'importe qui, est libre de
tout et réciproquement Il laisse libre. Son existence
n'est pas subordonnée à la présence, ni aux sentiments
propres d'un être choisi, Il est pur et offrande véritable
parce qu'étant Lui-même sa propre plénitude. Il
n'attend rien en retour de la tendresse qu'Il accorde.

Tout comme Il nous vient gratuitement, on doit le transmettre
à notre tour gratuitement, sans aucune condition, sans rien
attendre de l'autre, ni même de l'être aimé.

On s'évite ainsi toute douleur, toute déception; on fait un
geste qui ne porte aucune trace matérielle, qui ne produit plus
de ré-actions, un geste qui nous libère des causes / effets.

Si antipathique, si méchant te paraisse l'autre, aime-le quand
même **gratuitement** et sans aucune raison de le faire. C'est
l'acte le plus pur; c'est l'acte qui nous **aide le plus**.

L'Amour
est beauté

Le jour où tu seras capable de voir les êtres et la nature sans liaison avec ton intérêt personnel ou tes appétits sensuels, alors tu verras leur vérité ainsi que leur réalité. Le jour où tu seras capable de voir avec Amour, alors tes yeux se dessilleront et tu te rendras compte que tu ne voyais qu'une minuscule partie de la beauté, à tel point qu'il te sera difficile de vivre dans l'intensité de celle-ci, tellement c'est beau... c'est grandiose, c'est lumineux, c'est radieux, c'est harmonieux.

La beauté, qui ne s'impose jamais, nous rappelle que nous avons été créés pour vivre dans la joie. Elle est partout: dans la verdure qui recouvre la terre, dans la sérénité des couleurs du ciel, dans la folle exubérance du printemps, dans le regard de cet être, à travers un lever du jour, à travers un mouvement de vie, dans un sourire, dans une musique. Regarde, observe, entends, saisis, elle est partout....

....où il y a laideur, il y a imparfaite réalisation de la Vérité, il y a manque d'Amour, manque d'Harmonie... à nous de faire en sorte que tout soit beau.

Plus je vis d'Amour
plus je deviens beau
plus tout devient beau.

L'Amour
est UN

Einstein dit un jour que «les êtres humains souffrent
d'une sorte d'illusion d'optique; nous nous croyons
séparés plutôt qu'une partie du tout».

On ne peut dissocier l'individu du monde et de toute la terre
vivante, **nous ne faisons qu'UN; nous sommes tous faits de
la même Essence de vie, de la même Energie, du même
Amour.** Tous les êtres, qu'ils soient regardés individuellement,
en couple, en groupe ou en société, tous se débattent dans les
mêmes problèmes quotidiens de peur, jalousie, espoir, confusion, isolement, angoisse... sur leur chemin d'évolution et il n'y
a pas de différence entre ce qui est individuel et ce qui est collectif.

Notre pensée s'ajoute aux pensées des autres pour
créer des événements harmonieux ou non, pour permettre à l'Amour d'agir ou non. L'éveil de notre conscience éveille celle des autres comme par osmose. Et
quand quelqu'un aime, le cosmos tout entier y prend
part; chaque élan d'Amour, si faible soit-il, entraîne la
participation de l'univers dans la totalité.

Nous sommes un seul corps; nos lenteurs, nos expériences, nos violences, nos ignorances font le monde,
font la douleur de l'humanité présentement et toute
cette tristesse évidente. Et cette tristesse crée à son
tour une immense pression, un apitoiement, pour
qu'on la soulage, ce qui corrompt et pollue davantage.

Le monde sera beau quand chacun sera beau,

le monde sera paix quand chacun sera paix,

le monde sera vrai quand chacun sera vrai,

le monde sera joie quand chacun sera joie.

Il faut s'attendre les uns les autres ou plutôt il faut s'entraîner les uns les autres. Chaque être humain est unique et a quelque chose d'unique à ajouter à la création pour que celle-ci soit complète et harmonie totale.

Sur ce même chemin d'évolution c'est donc à **chaque individu de se réveiller et, par sa beauté, sa force et son harmonie, de donner à la collectivité une direction qui entraînera l'humanité à la fête et non à sa perte.**

L'Amour
est sans limite...

...Et te fait vivre dans un univers kaléidoscopique à travers un infini réseau d'interrelations, un immense champ expérimental; te donne de la joie à aimer le plus petit comme le plus grand; te fait découvrir le macrocosme dans le microcosme; te fait percevoir tous les niveaux vibratoires, les énergies sous toutes leurs densités.

Il est au-delà du toucher, de la vue et de tous les sens, au-delà de toutes perceptions du psychisme. Il est au-delà de toutes les dimensions connues, de toute mesure, de tout horizon. Sa Lumière dépasse le fond des profondeurs et n'a pas de fin; elle nous fait voir le cosmos avec un prodigieuse vision dans son intense immensité et possibilité de devenir.

L'Amour est au-delà de la science et de l'art, Il les inclut, Il les unit, Il les dépasse.

Si l'expérience de l'Amour demeure partielle, limitée, c'est que nous la réduisons, nous la diluons dans la peur, le doute et nos nombreuses résistances. C'est que nous n'allons pas jusqu'au bout de nous-mêmes, que nous sommes peu conscients de notre appartenance, de notre dimension divine. C'est que nous sommes peu éveillés à notre être spirituel, notre «vrai Soi». **L'Amour n'est limité que par la petitesse de notre réceptivité.**

Avec l'Amour,
tel un soleil,
je rayonne l'abondance

L'Amour
est miséricorde

«L'Amour voit l'éternité et l'immortalité de l'âme
humaine; il sait très bien que l'humanité est un fruit
encore vert, âpre, dur et acide»
Omraam Mikhaël Aïvanhov.

La miséricorde pardonne tout, elle n'approuve pas, mais elle
pardonne. X fois par jour il faut se laisser et laisser à l'autre la
chance de se reprendre. Alors peu à peu cette tolérance, qui
nous permet de vivre plusieurs expériences, aide à nous cons-
cientiser.

Que d'essais, que de fausses notes, que de grincements, que
de répétitions avant d'arriver à jouer convenablement une pièce
de musique; la vie est aussi un apprentissage.

Quelqu'un t'humilie, te blesse, ignore ce que tu fais, te
juge sans fondement, est vraiment injuste envers toi...
ne te laisse pas influencer, bouleverser par les inci-
dents de la vie extérieure, cela n'en vaut pas la peine.
N'accepte pas de perdre ta paix. Ne réplique pas, ne
te laisse pas prendre dans des vibrations de jalousie,
de haine, de colère, de mesquinerie; ne perd pas ton
temps à jouer dans la boue.

Beaucoup de choses encore sont mensonges dans ce
monde et il y a encore beaucoup d'obscurité; mais il
ne faut pas désespérer, ne rien abandonner, tout est
appelé à être résorbé par la lumière de l'Amour.

**L'important c'est d'aimer,
même si bien souvent
il n'y a qu'une partie à comprendre,
il y a toujours tout à vivre.**

L'Amour
est émerveillement

Ouvre grand tous tes sens, sois à l'écoute de ton intuition, sois attentif et tu te rendras vite compte que l'Amour te fournit des milliers de vraies raisons de t'émerveiller, de t'étonner. Comme Il est partout, alors partout l'Amour agit, transforme, embellit, renouvelle, rend meilleur; alors constamment on a de nouveaux sujets, de nouveaux mobiles de s'émerveiller. Observe toute la création: rien, rien n'est identique dans tout le cosmos, même pas un brin d'herbe, même pas un grain de sable, même pas une étoile.

Prends le temps et réapprends à regarder; la capacité d'émerveillement est de tout âge pour ceux qui savent observer. Dépêche-toi de remplacer tes expressions «c'est dégoûtant», «c'est ennuyant», «c'est désespérant» par «quelle beauté», «quelle splendeur», «quelle intelligence». L'Amour peut provoquer un frisson d'émerveillement qui a autant de **force** que des années de recherche et d'effort.
Tout est là:
le monde qui renaît à chaque instant,

la puissance et la grandeur de Dieu qui se trouvent dans la simplicité et dans le silence de l'Amour,

et toi, être humain, qui ne fais que commencer à découvrir que toutes les possibilités sont en toi.

Quelle merveille!

L'Amour,
lumière du monde

Toutes les légendes de l'antiquité mythologique, toute la sagesse des différentes philosophies ou idéologies des grands initiés du passé, toutes les religions recherchaient l'Illumination, cette Lumière génératrice.

Elle est représentée dans les hymnes védiques sous la forme d'Agni, le feu universel qui pénètre toute chose. «Allah est la Lumière des cieux et de la terre» (Le Coran). «Et la Lumière brille dans les ténèbres et les ténèbres ne l'ont point comprise» (Bible chrétienne). Et on pourrait continuer longtemps les citations.

Comme nous sommes faits à la ressemblance de Dieu, nous sommes d'abord des **êtres de lumière** vivant dans un corps physique. Plus nous vivrons d'amour: plus nous comprendrons, plus nous saisirons et plus nous deviendrons cette Lumière qui n'éclaire pas du dehors, mais qui rend les êtres et tous les éléments du cosmos lumineux en eux-mêmes.

> La clarté du jour ou du soleil n'est qu'un faible reflet de cette lumière spirituelle que n'arrêtent pas les ténèbres, de cette lumière qui donne un goût exquis et transforme en expérience de croissance tout notre manger, boire, repos, travail, activité, qui fait reculer l'ignorance et allège notre densité, de cette lumière qui est en même temps un écran protecteur contre les forces négatives.

> Elle est comme un tourbillon d'énergie intelligente et puissante en constant mouvement, nous entraînant partout où elle se propage, nous vivifiant et vivifiant l'univers.

> Imprègne-toi de cette Lumière, vis dans cette Lumière, fais-en partie et tu deviendras fort et libre comme Elle.

Fais grandir ta petite flamme d'Amour et deviens conscient de ce corps de Lumière en toi, en tous les
autres et en toutes les formes de vie; cela te deviendra
tellement plus facile de communiquer et de ressentir
l'unité de tout l'univers.

L'Amour
est éternel

L'éternité est faite de chaque moment de notre quotidien. Depuis toujours elle est là et pour toujours elle y sera. Cependant tout passe, tout s'effrite, tout se transforme, excepté l'Amour qui ne meurt point; nous l'emportons dans la mort corporelle, cette destructrice des habitudes. La Substance cosmique est indestructible; seules les formes matérielles changent.

Même à travers ce présent toujours renaissant, toute notre activité est essentielle pour nous éveiller à notre «vrai Soi», la partie de nous-mêmes qui est éternelle.

Qu'attendons-nous pour vivre globalement de l'Amour afin de ne plus toujours avoir à recommencer et à recommencer? Qu'attendons-nous pour vivre l'immortalité?

Amour...
...Joie

«Sa joie me protégeait de ma peine».
Martin Gray

«Le miracle, ce n'est pas le fait que nous fassions ce genre de travail reconnu pour ingrat et difficile; le miracle c'est que nous le fassions avec joie».
Mère Teresa

...La joie contient et dépasse le plaisir. Elle n'a besoin de rien pour être. Elle est à travers tous les temps, tous les lieux; elle naît sans cesse de l'instant présent, se nourrit de la beauté, de la vérité, de la sérénité, de la liberté et de l'harmonie. Elle est Amour.

Toute la vie pourrait être et devrait être une immense délectation de joie si on pouvait considérer chaque être, chaque chose avec Amour. Dieu vit dans la joie éternelle parce qu'Il est Amour, parce qu'Il vit dans la Réalité; tout le reste n'est qu'apparence. Ne te laisse pas attrister par les apparences, ne te laisse pas encombrer par l'inutile. **La joie se laisse saisir à travers la simplicité de la vie, à travers les actions amoureuses.** Ne te refuse aucune joie,

«tu as été créé dans la joie et pour la joie».
Sri Aurobindo

L'Amour:
connaissance et sagesse

On a bien raison de dire que l'ignorance est la source de la plupart de nos maux. Elle insécurise, entretient un stress négatif, fait peur, rend malade, rend esclave, provoque la violence, nous conduit et nous laisse dans la souffrance et la misère...De plus, elle inspire et amène à de faux principes ou de fausses croyances qui souvent entraînent à faire des gestes à l'encontre du respect de la liberté des autres. Il est donc impérieux d'acquérir la connaissance.

Cependant, cette connaissance doit venir ou être imprégnée d'Amour pour être harmonieuse; sans cela elle est partielle et dualiste et conduit à des solutions partielles et dualistes.

L'Amour donne une connaissance holistique et essentielle: celle de toi, celle de l'autre, celle de l'univers. Ensuite Il te fait saisir l'unité du rythme du grand mouvement cosmique et son fonctionnement. Point n'est besoin d'être instruit ou d'avoir un bagage livresque. Il s'agit d'un savoir qui s'acquiert **à travers le vécu**, qui dépasse l'aspect extérieur et qui pénètre la plénitude de l'être, qui te fait vivre ta question et ta réponse. Il s'agit d'un savoir intuitif qui nous amène à faire de meilleurs choix et c'est très important puisque ce sont eux qui déterminent en grande partie notre avenir.

Quant à la sagesse, elle ne vient pas nécessairement avec l'âge; elle vient de la connaissance amoureuse. On est sage quand on a saisi comment utiliser notre savoir pour vivre en santé, dans l'abondance, dans la paix et l'harmonie avec soi-même et les autres; on est sage quand on collabore à notre évolution, quand on sait reconnaître d'où vient la joie et qu'on est arrivé à savourer la vie sans aucune inquiétude.

L'Amour n'est pas charité humiliante

«Tu aimeras ton prochain comme toi-même»
Jésus

C'est un message court mais complet qui indique bien que l'Amour est pur don et libération de part et d'autre.

Ne pense pas aller aider quelqu'un,
ne pense pas te sacrifier pour quelqu'un,
pense **AIMER QUELQU'UN**,
pense **ECHANGER** avec quelqu'un.

«La misère en habit de deuil
de la meilleure coupe
de la plus belle soie
vient de passer la main tendue;
elle mendiait pour le compte
de la charité
trop timide
ou plutôt reprenons:

La charité en habit de deuil
de la plus belle soie
de la meilleure coupe
vient de passer la main tendue;
elle demandait qu'on entretienne
la Misère».
Gilles Vigneault

L'Amour
est échange

Il n'est pas question de s'épuiser à travailler, il n'est pas question de se vider à tout donner et lorsque tout est terminé d'être plein d'amertume. Bien au contraire, il est question d'échanger --- notre don pour faire produire la terre contre le blé qui permet à notre chair de se refaire - une épreuve, une souffrance contre plus de lumière - une aide apportée à un voisin, à un passant contre un nouvel ami - l'erreur de l'un qui donne l'idée à l'autre - l'arbre qui tire sa sève du compost - les contraintes qui nous amènent à la liberté.

Toujours il y a échange et c'est formidable. Toujours il y a joie parce que c'est à chacun de donner ce qu'il a à donner et de prendre ce qu'il a à prendre. C'est là, c'est gratuit. On ne doit rien à personne et personne ne nous doit rien.

Tout le cosmos est fait d'Amour qui **veut simplement circuler à travers notre condition humaine** et nous permettre de continuer la création. Pour m'éblouir ne me dis pas la valeur de ta maison ou la position sociale que tu occupes, mais parle-moi de ton enthousiasme dû à l'Energie-Amour, de tes progrès face à la prise de conscience de ton être spirituel, de tes projets de créativité....

> Chaque jour est un cadeau d'énergies,
> chaque être humain est un cadeau de présence
> et moi, je suis là
> qui doit continuer sur ma route d'évolution.
> Je veux quand même exprimer mon contentement
> et dire à tous,
> à toute forme de vie,
> à l'univers entier,
> MERCI
> j'apprécie l'échange que nous faisons ensemble.

L'Amour
est plénitude de vie

Tout peut séduire, nous illusionner,
mais rien ne saurait combler le vide
de l'Absence de l'Amour.

Tout l'univers est composé d'une Unique Substance Vraie,
mais chaque forme terrestre serait le résultat des différences de
dispositions atomiques de celle-ci.

L'Amour est donc la Substance fondamentale de l'être
humain:

sa plénitude
son éternité
sa connaissance
sa vérité
sa beauté
sa force
sa grandeur
sa liberté
sa sérénité
sa joie
son harmonie
son ravissement
et même son humanité.

L'Amour donne une plus grande soif de la Vie
et donne aussi un plus grand rassasiement de la Vie.

L'Amour
est ouverture

Nous vivons dans un monde, mais, en même temps, il nous semble que nous vivons dans de nombreux mondes, car il existe parmi les peuples des systèmes, des modes de communication ou d'organisation, des pouvoirs de décision, des idéologies, des manières de travailler ou de vivre, bref des cultures tellement différentes.

Il n'est pas étonnant qu'on se sente un peu perdu, un peu craintif et qu'on ait même certains préjugés si on vit replié sur soi-même.

On se rend alors compte que l'Amour nous est nécessaire; car on ne peut s'adapter seul à tant de diversités ou plutôt, si on reste au niveau du psychisme, on ne peut respecter tant de diversité. De plus, il est impossible de combler tous nos besoins en ne restant qu'au plan matériel, même s'il y a multiplicité toujours accrue d'expériences.

Pour être heureux, progresser en harmonie et vivre pleinement ,on doit donc s'ouvrir à la mesure de l'Amour, à la mesure du Monde, de ce Monde toujours en avant de nous, toujours plus grand, toujours inachevé. C'est à une découverte de l'Energie divine et de nous-mêmes qu'on est amené.

> L'Amour a comme domaine l'univers entier, et vivre à Son rythme, à Sa vibration, c'est s'ouvrir pour que la Vie entre en nous, c'est sentir que tout peut devenir le prolongement de notre corps, que le cosmos fait partie de nous. Alors les valeurs disparaissent; plus rien n'a d'importance ou plutôt tout a la même importance et les contacts, les relations avec les autres deviennent plus faciles.

L'Amour
et la responsabilité

L'Amour est au-delà de la responsabilité tout en l'incluant.

Chacun n'est responsable que de lui-même, mais, comme tout ce que l'on **pense** ou **fait** a une **résonance** ou des conséquences, alors il n'est pas une seule perversion au monde, pas une souffrance ou une délivrance, pas une violence ou une joie qui ne viennent un peu de nous. Par le rayonnement de notre être, nous sommes tous reliés les uns les autres comme des cellules perméables d'un même corps ou comme faisant partie d'un océan cosmique.

L'humanité a besoin d'Amour pour sortir de sa misère, de son ignorance, elle a donc besoin de la présence de chacun pour manifester cet Amour. C'est une **responsabilité**, mais c'est aussi un grand privilège de participation, **de co-création à notre présent et à notre futur**.

Cela ne veut pas dire qu'on doive porter le monde sur ses épaules. Bien sûr qu'on n'a pas à se culpabiliser des états et des comportements des autres; chacun est libre et responsable de son bonheur ou de son malheur, de ses choix, de sa guérison, de sa transformation, de son évolution. Cela peut se répercuter sur la longueur d'une ou de plusieurs vies mais, aussi longtemps qu'on vit sous la loi de la causalité, celle-ci est impartiale pour tous. Chacun récoltera toujours ce qu'il aura semé.

Etre indifférent, fuir, abandonner ou se laisser prendre en charge par la collectivité ne fait que remettre à plus tard ce qu'immanquablement on devra régler un jour ou l'autre. C'est tout simplement reculer l'échéance de nos progrès, de notre délivrance et de l'éveil du Dieu immanent en nous.

Avec l'Amour,
tel un soleil,
je rayonne la liberté

L'Amour m'offre
l'univers entier

«La Terre est ma Maison
et l'Humanité ma Famille».

Telle est la devise qui résume le message que la Fédération Mondiale pour la Paix désire semer dans toutes les consciences.

Pour que ce slogan se réalise, nous avons besoin de l'Amour qui unit tous les êtres, tous les peuples et tous les autres règnes visibles ou invisibles, qui nous rend tous solidaires des problèmes et des joies les uns des autres. La terre n'appartient à aucun pays, à aucun gouvernement, à aucun groupe, elle appartient à chaque être humain, elle appartient aux enfants, aux hommes et aux femmes, elle appartient aux arbres, au ciel et à la mer, elle appartient à l'Amour.

Il faut éveiller la conscience
pour être capable de participer de tout notre être
à la création, à la beauté,
mais aussi pour être capable
de jouer avec les dualités de la vie
afin de vivre en harmonie avec tous les autres
humains
et tout le cosmos.
Il faut marcher, traverser le doute
pour aimer comme des enfants et échanger librement.
Il faut arrêter d'être complice avec les raisons
qui font qu'on ne voit jamais fleurir le printemps.
Il faut croire en la dimension divine de chaque être
pour arriver à respecter les différences de chacun.
Il faut devenir amoureux
si on veut annuler la méfiance, la jalousie
et être heureux partout.
Peuples de toutes les nations, gens de la terre entière,
**le lien qui nous unit tous n'est pas celui du sang,
mais celui de l'Amour.**

L'Amour...
quelle richesse !

On n'a pas à consacrer le temps entier de notre vie seulement pour survivre matériellement, on n'a pas à toujours être insécure face à l'avenir, et on ne devrait jamais manquer du nécessaire pour être heureux.

Vivons d'Amour et apprenons à nous servir de cette Energie. Elle peut se transformer en l'abondance dans tout: vitalité, inspiration, beauté, santé, amis, argent, nourriture, voyage, harmonie .....

Cette richesse qui est à notre disposition provient de la Substance inépuisable, elle ne prive ou n'enlève donc rien à personne.

C'est un vrai trésor qui peut rassasier l'être à satiété et en toute sérénité. Le secret, ce n'est pas d'accumuler des possessions, mais de laisser circuler cette Energie abondamment et librement envers soi-même et envers les autres. L'Amour est là partout, Il n'attend qu'à être accueilli et, plus on partage, plus on reçoit, et plus on a à donner. Nous entrons dans un mouvement de continuel échange où l'abondance est à l'infini.

Nous réalisons que ce que nous possédons réellement c'est nous-mêmes avec notre pouvoir de transformer l'Energie Cosmique en tout ce dont nous avons besoin.

L'Amour
est création

Le mot «créer» n'appartient pas en exclusivité à l'artiste, il appartient à chacun de nous. Il suffit de puiser à l'Amour pour qu'aussitôt l'inspiration vienne, il suffit de mettre son imagination au service de l'Amour pour que celle-ci ne soit plus la «folle du logis» mais aide à donner forme à notre inspiration.

Il n'existe pas de séparation entre Dieu et nous. Notre «vrai Soi» est une étincelle divine, une petite flamme de ce grand feu d'Amour, de cette force créatrice...alors nous sommes aussi des créateurs, les co-créateurs de notre réalité quotidienne à chaque instant.

...Avec quelques fleurs créer un bouquet --- avec quelques regards créer de l'espoir --- avec quelques gestes créer une situation meilleure --- avec quelques paroles créer une atmosphère de confiance --- créer des pensées positives et harmonieuses --- créer notre guérison --- créer notre liberté --- mais surtout créer le goût d'un être beau, fort et libre, et chacun se hâtera de le devenir à sa façon --- surtout créer le goût de construire un univers de paix et d'abondance, et le travail deviendra chant et loisir et plein de signification --- surtout créer le goût de vivre d'Amour, et aucun obstacle ne résistera.

Créer le goût, d'après A. de Saint-Exupéry, c'est se situer ou situer l'autre à un point de vue où il est évident que c'est là qu'on veut aller, et que c'est comme ça qu'on veut devenir.

L'Amour, la Substance, est là partout, c'est à nous à lui donner la forme, la création visible que l'on veut, **c'est à nous de créer l'événement qui sera le meilleur en le chargeant de vibrations les plus pures possibles**.

L'Amour
est vivant et agissant

Observe autour de toi, tu verras des gens transformés sous l'effet de l'Amour. Plusieurs exemples pourraient être cités mais fais tes propres observations, ce sera encore bien plus valable.....

.....et si tu regardes un peu plus loin, constate comment l'Amour rend possible l'impossible.

Observe le grandiose de la vie de soeur Teresa de Calcutta et celle de l'équipe de jeunes frères et soeurs qui l'accompagnent parmi les lépreux et les plus pauvres des pauvres, où, des deux côtés, on arrive à ressentir tendresse et joie...et observe tous les autres et les centaines d'autres cas où on fait des échanges semblables.

De plus en plus, à travers le monde, on entend des témoignages de groupes qui prouvent qu'il y a quelque «Chose d'Autre». Humainement, c'est impossible à vivre, et surtout d'être heureux à travers cette façon de vivre; il faut qu'il y ait une Energie, **une Force Vivante et Agissante quelque part!**

L'Amour,
nectar de vie

L'infini de l'Amour est notre pain spirituel, quotidien et éternel.

Comme personne ne peut manger, respirer, apprendre ou ressentir pour nous, il en est ainsi de l'Amour; personne ne peut le vivre à notre place, **c'est nous-mêmes qui devons acquérir cette conscience de Dieu en nous**.

Avec l'Amour, à travers chacune de ses pensées et chacun de ses actes, l'être peut prendre un contact intégral avec l'univers entier; alors tout peut lui devenir aliment complet.

L'Amour est la source de tout bien, Il rend même possible de se nourrir de ce que l'on donne. Toute privation s'explique toujours par le fait que nous avons voulu puiser à quelque source secondaire, ou que nous n'avons pas su l'accueillir. Il n'est pas suffisant d'accepter ce nectar de Vie; recevoir est d'abord un don, celui de soi-même. On ne peut remplir un vase qui est plein de doutes, d'idées pré-conçues, de possessions et d'attachements.

J'accueille la vie
ce qu'elle a besoin de me donner.

J'accueille la fleur
ce qui fait sa joie d'être.

J'accueille l'abondance
avec respect mais sans résistance

J'accueille ce que tu me donnes
qui est un échange de participation

J'accueille l'Amour
à travers toi, à travers tous les autres,
à travers les événements.

J'accueille la tendresse,
je me laisse combler et pourquoi pas !

J'accueille l'apprentissage à la liberté,
je l'accueille de toutes les façons.

L'Amour
est communication

Puisse venir vite le jour où l'Amour nous donnera l'audace de dire à l'autre cette phrase magique «malgré nos différences, malgré nos limites, je t'aime bien tu sais».

Lorsqu'on pense au summum des moyens de communication, on se réfère toujours à la haute technologie. Et pourtant bien que des êtres de la terre entière peuvent entrer en relation entre eux en quelques instants, bien que ce soit fantastique et d'une grande utilité, cela restera toujours un moyen technique car, arrive une catastrophe, et hop ! plus rien. **C'est l'être humain qui doit s'éveiller, se développer pour devenir le vrai summum de la communication**.

Nous sommes dotés du privilège du langage; mais l'utilisons-nous toujours adéquatement? Que de mots dits dans une journée pour ne rien dire alors qu'à certaines occasions quelques explications seraient nécessaires. Pourquoi la peur, la méfiance, la timidité, le refus d'exprimer ses besoins, ses idées, sa joie? Et pourquoi trop souvent tous ces intermédiaires qui ne connaissent rien de notre vécu et de nos attentes?

Tant de difficultés, de refoulements, de regrets pourraient être évités si seulement on apprenait à laisser tomber nos étiquettes sociales et après quelques bonnes respirations on entreprenait un franc dialogue où chacun irait chercher les réponses au-delà de ses entrailles et de son mental, où chacun laisserait parler son «vrai Soi». Très vite on pourrait formuler soi-même des solutions qui nous conviennent, et il est certain que l'Amour ferait le reste.

La communication se fait aussi à travers une action ou même un simple geste, tel: une accolade, une poignée de main, une caresse ou un regard..... As-tu remarqué qu'un sourire chargé de toi, chargé d'Amour fait vite entrer en relation avec un autre être, fait vite prendre la fuite à l'angoisse, à la tristesse, à l'ennui, aux frustrations, même à la déprime? La communication permet aux énergies de bien circuler partout en notre corps et vers le monde extérieur.

Puis il y a tout notre psychisme que nous connaissons si peu, mais qui nous offre d'immenses possibilités au niveau des champs vibratoires: soit par l'aura, par la télépathie, par la clairvoyance...

Et il y a la conscience qui, par son pouvoir d'expansion à l'infini, peut aussi nous faire communiquer à l'infini et nous amener à être de plus en plus à l'écoute de notre intuition.

Quel enrichissement pour tous, quand des vies se croisent et sont capables de communiquer jusqu'au point de communier.

Que de tendresse, de beauté et de mystère à s'émerveiller, quand on peut aussi le faire avec la voûte étoilée, avec la mer, avec l'arbre ..... avec toute cette poésie ..... avec toute cette musique ..... avec tous ces inconnus et toutes ces étendues du cosmos .....

Si l'Amour faisait
partie de l'enseignement

«Seul un être humain libéré peut en libérer un autre et tout être non-libéré assujettit autrui. Seul ce que l'éducateur vit, ce qu'il expérimente, ce qu'il est, peut être transmis à travers les différentes disciplines qu'il enseigne». Bref, de continuer Placide Gaboury, «on ne peut séparer ce que l'on est en profondeur de ce que l'on enseigne».

L'enseignant s'acceptant, se connaissant, vivant de l'Energie-Amour peut être beaucoup plus qu'un transmetteur de connaissances théoriques. A travers son travail, il peut être capable de guider l'enseigné vers des expériences créatives qui conduisent à l'expansion de la conscience. Ensemble, nous apprenons le sens de la Vie, nous apprenons à découvrir la beauté et la grandeur de celle-ci. Ensemble, nous nous éveillons à devenir des êtres humains amoureux, heureux, et surtout chacun dans son originalité, et nous apprenons à devenir capables d'échanger avec les autres, de vivre la fraternité. Ensemble, nous apprenons un métier ou une profession à travers lesquels nous pourrons continuer un cheminement évolutif.

Et parce que l'Amour est créativité, la motivation vers l'inconnu, vers le plus, donne le goût à tous de continuer ...

Parce que l'Amour nous unit tous, il s'établit une résonance, une confiance, une ambiance où enseigné-enseignant se sentent aimés et non jugés, surveillés; alors les deux peuvent croître et mûrir librement ...

Parce que l'Amour est vrai, le respect de l'autre se fait dans une discipline sans soumission...

Parce que l'Amour est compréhension, les besoins différents de chacun sont respectés, sont même explorés apportant ainsi de nouveaux acquis pour les autres...

Parce que l'Amour est vivant et nous conduit vers l'infini, la connaissance doit progresser en grande partie par l'expérience, l'observation, la compréhension, plutôt que par l'accumulation de théories intellectuelles...

Apprendre devient donc une grande joie parce que l'Amour génère la joie. De plus, apprendre, nous poussant à nous réajuster en fonction des nouvelles connaissances que l'on vient d'acquérir, nous aide à devenir toujours et toujours un peu plus éveillés.

Pour arriver à un tel fonctionnement d'harmonie qui conduit à un développement intégral de l'être, il est bien évident qu'il faut changer le système actuel de performance académique; ce système qui étouffe et rend malheureux tout le monde et que, malgré tout, on continue toujours d'entretenir pour les seules exigences de la totalité du système. Mais où est la place de l'être humain heureux et de son évolution spirituelle?

Il faut aussi reconnaître que l'enseignant spécialisé n'est pas le seul concerné et responsable de ce qu'on appelle l'éducation. A n'importe quel moment et qui que ce soit: tantôt on devient enseignant, tantôt on devient enseigné. L'enseignement commence le premier jour de la naissance pour se terminer le jour de la mort physique. Il fait partie de la grande coulée de la vie et c'est l'affaire de tous.

Adieu orgueil
et humilité

L'orgueil qui fait croire au mental qu'il sait tout ce qu'il faut faire, qu'il est capable de tout faire lui-même, de tout expliquer, de tout régler; l'orgueil qui fait croire que par ses seuls efforts il a tout mérité, qu'il comprend déjà tout avant même d'avoir expérimenté.

Quelle illusion!

Voilà où nous conduit l'orgueil: il nous oblige à nous livrer à une course sans fin, où on cherche sans cesse à dépasser les autres, et où on a toujours peur d'être dépassé. Maudit orgueil vide et prétentieux devant le mystère plein de la vie.

La seule raison d'être fiers c'est de former notre fruit, c'est de devenir beaux, forts, libres et heureux parce que rayonnant d'Amour.

L'humilité qui glorifie la faiblesse, l'apitoiement; qui conduit au sacrifice, à la mortification, à l'abaissement; qui nous empêche de se voir tel un dieu en devenir.

Quelle autre illusion !

La seule humilité qu'on puisse se permettre c'est d'être simple devant la grandeur à laquelle l'Amour nous fait devenir.

**Bienvenue Amour gratuit,
intensité de vie,
sérénité joyeuse**.

L'Amour
et le stress

Dans la vie le stress est inévitable, mais selon le professeur Hans Selye, biologiste et grand chercheur, c'est l'attitude positive ou négative que nous avons face à celui-ci qui fait toute la différence.

Prendre des anti-dépresseurs, des psycho-stimulants, des tranquilisants ne fait que soulager, que régler le problème bien temporairement et superficiellement.

La vraie solution serait d'apprendre à vivre positivement, d'**apprendre à vivre amoureusement**.

Et si, malgré tout, tu es exposé à des tempêtes, à des situations difficiles, à des conflits, laisse encore l'Amour être ton guide et ta force. Parfois, là même où la réalité et l'illusion se confondent et nous laissent dans l'incertitude ou dans l'angoisse, telle une boussole précise et précieuse, Il peut nous orienter vers ce qu'il y a de meilleur pour nous et les autres au moment où ça se passe.

«Dans le passé, ne survivaient que les plus forts, dans l'avenir ne survivront que les plus sages» dit Jacques Languirand et moi j'ajoute: ne survivront que les plus amoureux.

Plus de pauvreté
où il y a l'Amour

Comment percevons-nous l'être humain?

Aussi longtemps qu'on considérera seulement son corps comme une admirable machine et son mental comme un organe merveilleusement efficace, et qu'on ignorera son essence divine, aussi longtemps que nous le définirons par la valeur marchande des services que nous pouvons attendre de lui, bref aussi longtemps que nous nous exploiterons les uns les autres; aussi longtemps la pauvreté existera.

> Lorsqu'on considérera l'être humain dans sa totalité, qu'on sentira l'autre comme faisant partie de soi-même, on comprendra qu'exploiter l'autre c'est s'exploiter, qu'être cruel avec l'autre c'est être cruel avec soi-même.

> Lorsqu'on vivra d'Amour, on découvrira que nos besoins ne seront plus les mêmes que ce qu'il sont présentement. Chacun laissera tomber le superflu et le partage de l'abondance se fera dans la joie et par l'entraide volontaire.

Comme la plus grande ressource de la terre c'est l'être humain, et que la plus grande Energie qui le fasse vivre pleinement et harmonieusement c'est l'Amour - le laisserons-nous suffisamment circuler, cet Amour, pour per-mettre à chacun de participer à l'annulation de sa propre misère?

E.F. Schumacher, dans son très beau livre «Small is beautiful», donne des moyens concrets pour arriver à créer une société à la mesure des humains, et tous ces moyens sont inspirés de compassion les uns envers les autres, d'éducation au sens de la vie et seulement ensuite de planification économique.

Il existe aussi une autre sorte de pauvreté qui est peut-être moins visible, spectaculaire, mais qui est à la base de tous nos maux et qui nous empêche de progresser - c'est l'**ignorance, l'inconscience**.

Etre ignorant, c'est la même chose que de marcher dans l'obscurité.

Il n'est donc pas étonnant qu'on se bouscule, qu'on s'exploite, qu'on se violente les uns les autres, qu'on pense que seule notre idée est correcte. Il n'est donc pas étonnant qu'on fasse tant d'essais, de répétitions, qu'on s'inflige tant de blessures.

Lorsque je marche dans la lumière, je vois l'ensemble du plan, je vois la différence entre le vrai et l'illusoire, je vois qu'il y en a suffisamment pour tous, je vois l'interrelation entre chacun de nous..... Je ne vois pas seulement les effets; je vois aussi les causes et je peux agir directement sur celles-ci.

Quand les êtres humains sauront **qui ils sont** et **où ils vont**, il n'y aura plus de pauvreté.

L'Amour...
un besoin

On sait que l'absence d'Amour chez l'enfant affecte sa croissance et son développement. Il est aussi reconnu que le manque d'Amour est la cause majeure de graves névroses et même de psychoses dans la vie de plusieurs personnes, que toutes les drogues dévastatrices sont prises pour essayer de combler un trop grand vide, que la violence est un cri de désespoir, que l'injustice est une autre conséquence visible de ce manque.....

Nous sommes des enfants de l'Amour. En chacun de nous est inné ce besoin, non d'être admiré, mais d'aimer et d'être aimé afin de s'en **nourrir**.

Car alors pourquoi cet attrait irrésistible vers une grande et puissante Présence d'Amour? (face au danger, à l'épreuve: «o mon Dieu aide-moi, ne m'abandonne pas»)

Pourquoi la vibration fondamentale de cette Présence dont le timbre se distingue souvent? (qu'on appelle voix venant de la conscience)

Pourquoi des milliers de petits besoins tel que besoin d'un compagnon ou d'une compagne, d'une maison, d'objets, de voir plus, de savoir toujours et toujours plus nous tiraillent-ils sans jamais vraiment nous satisfaire? Parce que nous sommes de nature divine et avons un besoin d'infini que seul l'Amour divin peu nous donner.

Et puis ne suffit-il pas d'observer le processus de la Vie pour être persuadé que seul l'Amour peut en assurer et soutenir le mouvement harmonieux?

L'éveil de ta conscience continuera à te faire connaître la nécessité de l'Amour.....

Avec l'Amour,
tel un soleil,
je rayonne l'harmonie

L'Amour
et la nature vivante

La nature est le lieu sacré où l'on peut le mieux être attentif à soi-même, aux manifestations de l'Amour; où l'on peut le mieux être en résonance avec toutes les vibrations.

Nous sommes comme des émetteurs-récepteurs envers nous-mêmes, envers les autres. Comment pouvons-nous établir des liens vivants qui nous permettront de recueillir les forces de l'univers, de s'en nourrir et de les repartager, comment pouvons-nous être en contact avec toutes les dimensions de la terre, si nous nous enfermons dans le béton de nos villes ou dans les quatres murs de notre maison, ou si nous nous enfermons dans notre égoïsme?

> «Des enfants se roulaient sur la pelouse, quelques oiseaux se mêlaient à leurs rires et leurs jeux participaient de l'arbre, de la feuille, de la fleur. Le ciel clair faisait partie de leurs joies et les enfants étaient une partie de toute la terre. Leur innocence ne créait aucune ligne de séparation entre eux, la nature et l'Amour»
> *Krishnamurti*

L'adulte qui perd le contact avec la nature perd aussi le contact avec lui-même, il perd aussi la beauté de ce brin d'herbe ou de ce fruit, il perd aussi la puissance du rayon de soleil qui fait pousser et mûrir ce fruit et il perd la joie, la vérité et l'abondance que contient ce fruit.

Comment pouvons-nous avoir un système de pensée qui, pour la plupart, repose sur la matière, et en même temps agir de façon si contradictoire, en bousculant tout son écosystème, en polluant, en abusant, en détruisant la planète même qui nous nourrit et nous porte, cette planète qui est une part vivante de nous.

La nature se tord de douleur
d'être manipulée.
Sans me douter que je m'en prends à la vie,
que je change la vie;
sans m'en rendre compte,
dans mon laboratoire, dans mon usine, dans mon bureau,
dans mon milieu, dans ma pensée,
je crée le beau temps et le mauvais temps
et je suis tout étonné, tout choqué
de voir la terre réagir
et ses entrailles qui veulent m'engloutir,
de voir les saisons qui ne suivent plus leur rythme
et le vent qui part en épouvante.
Il m'aura fallu tant d'années
pour comprendre
que la planète
c'est moi,
pour comprendre
mon rôle de collaboration.

L'Amour
et l'autonomie

Regarde-toi! Aie confiance en toi! Ton corps est le temple de l'Amour, c'est un centre d'énergies. Tu es un humain en évolution capable de grandes merveilles, capable d'imaginer, de participer, de t'améliorer, de choisir, de créer...Hélas, trop souvent on te voit t'apitoyer sur ton sort, chercher un bouc émissaire à tous tes malheurs, nourrir une peur, une angoisse ou une rancune. Hélas, trop souvent et trop nombreux sommes-nous à ne faire que **survivre.** On se connaît très peu, on ne sait pas pourquoi on vit, on n'est plus capable de se garder en santé et de vivre la joie, de découvrir nos mouvements et ceux de la nature, de prendre la responsabilité de nos actes. On ne trouve plus rien de beau. On ne pense même plus par soi-même, on laisse les médias le faire et on copie sa vie sur les romans télévisés et d'après la publicité; on devient tous des assistés du système, on n'est plus en possession de son être et on en est très peu conscient.

On est devenu une majorité dépendante et stagnante dans notre routine et, pour égayer le tout, on prend quelques stimulants ou un peu d'alcool. Ah! j'allais oublier: tous ces comportements sont approuvés et encouragés par le système économique et par nos gouvernants à tous les niveaux. C'est bien plus facile de dominer et d'exploiter une telle société.

Mais la vie c'est plus que ça, c'est plus beau et plus dynamique que ça.

On court toujours à droite et à gauche et de plus en plus vite et on se croit actif. Mais on court sur des illusions, on court sur presque rien. **La seule réalité c'est d'arriver à s'éveiller au Dieu en soi.** Arrêtons de nous plaindre ou de nous épuiser dans notre passivité ou fausse activité ou de nous fier continuellement aux autres. Décidons de nous prendre en main et de saisir le sens de notre existence. Alors nous n'aurons plus

L'Amour
est dynamique

Contrairement aux lois du mental qui dissèquent et se contredisent souvent, contrairement aux sentiments, aux émotions qui brouillent la réalité, contrairement aux esclavages de toutes sortes, aux pouvoirs illusoires, éphémères, partiels, contrairement aux machines, aux super-machines qui peuvent nous détruire, contrairement à la violence, au mensonge, à l'égoïsme qui conduisent à la misère, à la maladie, à l'angoisse....

.... si tu laisses circuler l'Amour tu sentiras continuellement un élan, un courant de Vie qui t'élève et élève tout ton entourage.

Si tu aimes assez l'univers pour prendre corps avec lui, alors tu verras que tout ton environnement est engagé dans un gigantesque mouvement cosmique dont tu participes. Celui-ci te portera, par son flux et son reflux, des profondeurs de toi-même aux extrémités du cosmos pour y déverser toutes tes peurs, tes limitations et te faire vivre jusqu'au parfum de la liberté et de la sérénité.

Ce que nous voyons est l'ordre explicite, visible... mais il y a aussi un ordre implicite ou invisible qui contient la vie en puissance et dirige la nature de son déroulement. Bien que nous soyons incapables d'imaginer tout le dynamisme de l'Amour et jusqu'où cela nous conduira, puisque la connaissance que nous en avons est encore au niveau de l'éveil seulement, il est certain que la réalité est beaucoup plus que ce que nous voyons avec nos yeux de mathématiciens.

L'Amour
et l'économie

De plus en plus les riches sont riches, les pauvres sont pauvres et l'économie toujours de plus en plus gourmande de profits - gros profit pour les riches - petit profit pour les pauvres et l'écart reste donc toujours.

Peu importe ce qu'on produit, peu importe ce qu'on détruit, peu importe l'être humain, le sens de la Vie, le plan cosmique, peu importe qu'on n'évolue pas pour le moment - il faut faire du profit. Cela nous a amenés à l'idolâtrie des biens matériels et à une consommation de plus en plus vorace, allant jusqu'à la violation et la mutilation de la nature.

D'autre part, une économie basée sur un arsenal de guerre, même dite de dissuasion ou d'auto-protection, ne peut que drainer davantage et davantage tous les fonds monétaires, au détriment du bien-être de chacun, puisque l'idée à elle seule est provocatrice et agressive. **«Si tu veux la paix, prépare la paix et aie une éducation et une économie de paix»**. Quant aux peuples les plus pauvres, l'économie leur fournit le désespoir de ne jamais plus s'en sortir en les exploitant et en les endettant davantage. On commence à se rendre compte que ce système ne peut apporter paix et bonheur car, d'un côté comme de l'autre, ou on a peur et on essaie de ralentir l'éclatement ou, on vit dans une misère impitoyable, ou, pire encore, on trahit l'Amour pour pouvoir survivre.

Résultat catastrophique: plusieurs maux graves minent nos sociétés et tous ces problèmes sont dûs à ce **déséquilibre entre le matériel et le spirituel.** L'être humain est le trait d'union entre ces deux mondes et son rôle est de les **lier** afin d'en tirer le meilleur parti. **Il nous faut rectifier notre attitude face à notre privilège de participation si nous ne voulons pas nous auto-détruire.**

Seul l'Amour circulant par la bonne volonté des êtres humains peut vivifier, peut rassasier, peut créer une économie holistique et appropriée à chacun. Dans plusieurs domaines nous pouvons être fiers de nos progrès matériels, même si nous nous sommes souvent égarés; il suffit maintenant de vouloir se remettre dans la direction de l'Amour pour continuer. Bien sûr qu'il faudra beaucoup de courage pour faire un tel revirement, mais c'est le prix demandé pour réparer nos erreurs et passer à un autre paradigme, pour passer à un niveau de vie vrai, beau et bon pour tous.

L'Amour
et les relations

Le théorème de J. S. Bell, physicien, nous enseigne que l'univers est un réseau d'interrelations universelles - toutes les parties de l'univers s'affectent les unes les autres, et sont en relation les unes par rapport aux autres, malgré l'espace et le temps. D'autre part, plusieurs autres physiciens affirment que la conscience même fait partie de l'univers et affecte celui-ci, c'est-à-dire, qu'il n'y a pas qu'une seule réalité, mais que toutes les réalités de tous les individus coexistent simultanément.

Bref, chaque être est relié à un autre ou au cosmos ou aux événements, et chaque être est appelé à participer à l'existence de l'univers, puisque celui-ci est construit de réseaux de relations, que **l'étoffe universelle est indéchirable et que tout est UN**.

A partir de ces faits – chacun de nous doit se rendre compte combien il crée le déséquilibre mondial en étant lui-même déséquilibré, combien il crée la violence dans le monde en étant lui-même agressif, combien il aide l'humanité en vivant l'harmonie de l'Amour.

> Cependant, malgré tant d'apparences disparates chez les êtres humains, on n'a pas à s'inquiéter et à vouloir uniformiser.

> L'important, c'est que nous sommes tous appelés à collaborer, l'un à travers l'autre, à construire une belle oeuvre où chacun peut échanger en elle dans ses aspirations diverses et peut trouver sa grandeur.

> L'important, c'est que tous participent positivement à l'oeuvre, et que chacun s'accroisse de la Substance cosmique et non des uns des autres.

> L'important, c'est que tout se fasse avec Amour, car

Se pourrait-il
qu'on se trompe ?

Se pourrait-il que certains soient beaucoup plus faibles et pauvres qu'ils ne le croient, et que certains autres soient beaucoup plus forts et riches qu'on ne le pense ?

Comment oser dire et vivre l'Amour sans se faire ridiculiser, ou sans risquer de rater ses examens, ou d'être rejeté de son travail?

Comment être en santé quand on ne parle que de maladies, quand on permet des blocages d'énergies partout, quand on ne vit pas au rythme de l'univers?

Comment être bonté, tendresse, être chaleureux quand on pense que partager c'est se sacrifier?

Comment être heureux quand on ne comprend pas le sens de la souffrance, quand on ne sait pas ce qu'est la vraie joie, quand on est esclave de son ignorance?

Comment vivre l'abondance quand on la cherche partout ailleurs que là où elle est, ou quand on refuse la richesse venant de la différence des autres?

Comment laisser entrer le soleil de la vérité quand on dresse des murs d'indifférence ou de certitude: je sais ceci, je sais cela avant même d'avoir essayé?

Comment vivre simplement au milieu de la compétition, au milieu du déséquilibre d'une vie seulement matérialiste, ou avec une échelle de valeurs basée sur l'argent?

Comment exprimer sa liberté créative, sa totalité à travers des structures uniformes, fermées, à travers toutes les classifications et toutes les lois?

Comment espérer le miracle, le changement, espérer devenir beau quand on entend toujours cette petite voix «tu ne peux pas, tu ne dois pas, tu n'es pas capable, ce n'est pas possible»?

Comment vivre la paix, le coeur plein de doutes ou de domination? Comment vouloir la paix sans communier rationnellement et poétiquement avec la planète entière?

Combien de luttes pour s'en sortir quand on a été étiqueté à cause de quelques moments dépressifs, ou d'ignorance, ou de préjugés, ou d'erreurs?

Se pourrait-il qu'il y ait eu manque de quelque chose à quelque part pour en arriver à avoir des employés qui s'en fichent, des patrons ignorants-instruits, des parents qui sont dépassés par les problèmes, des enfants désabusés, un monde méfiant et non heureux?

L'être humain est merveilleux et il retrouvera sa dignité dans ses actes à l'instant où il comprendra la signification et le fonctionnement de la Vie.

Quand on dit NON à l'Amour on se ferme toutes les fenêtres et toutes les portes - où pouvons-nous aller seuls dans le noir? Le non n'est qu'un gros ballon de doutes et de peurs qui éclate devant nos yeux pour créer la confusion, il est synonyme de destruction et de lutte constante avec la Vie.

Dire OUI à l'Amour ce n'est pas se leurrer, c'est décider de s'offrir la Vie, c'est choisir d'être heureux et de prendre le moyen pour y arriver, c'est laisser circuler les énergies et se laisser mouvoir dans ce grand mouvement d'Harmonie.

Dire OUI, c'est enlever toute résistance, c'est se donner les pouvoirs que nous voulons.

L'Amour
et l'égoïsme

Comment arriver à maîtriser l'égoïsme, le trait caractéristique le plus fort de toute la création, qui conduit toujours à la domination? Le professeur Hans Selye, après avoir consacré sa vie à l'étude de la survie dans une société fertile en tensions, en est arrivé à formuler l'idée que le meilleur guide de conduite est l'effort visant à mériter l'Amour de son prochain, c'est-à-dire en arriver à un altruisme qui évite bien des compétitions et des luttes, évite beaucoup de stress et de détresse, permet à tous de s'améliorer et de se rendre utiles à la société.

Cette notion d'altruisme n'est pas nouvelle, mais sa nécessité d'application contre l'égoïsme vient d'être confirmée par la science. C'est un fait reconnu officiellement, et au fur et à mesure que l'éveil à l'Amour se fera, on reconnaîtra à son tour son existence et sa nécessité aussi.... mais faut-il toujours attendre d'avoir des preuves?

> N'est-il pas suffisant de savoir que l'égoïsme est un des plus subtils esclavages qui te coupe des autres et de la Source, ...qu'il n'a pas de pouvoir, qu'il te fait travailler sur rien et te fait tourner en rond sur le chemin de ton évolution, puisqu'il te ramène toujours à toi,... qu'il empêche toute croissance, puisque tout ton temps et toutes tes forces sont dépensés à être sur la défensive pour te protéger de ... pour préserver tes biens de ... pour conquérir davantage de ... pour dominer afin de t'assurer de ... être violent pour avoir plus de ...

> Ce siècle de progès économique sans précédent a pollué notre planète pour des milliers d'années à venir, et pour conduire à la richesse matérielle quelques milliers d'humains il en a réduit des millions de millions à une pauvreté misérable. Ce progès économique, sans inspiration spirituelle, se sert de l'égoïsme humain et de

Vivre à deux

N'est-il rien de plus beau, de plus doux et peut-être bien de plus naturel que d'être deux à vivre le plus beau langage de la création, le langage de l'Amour, de l'Amour illimité?

Ils vont s'exprimer par des pensées...par des regards...par des paroles... par des touchers... ils vont s'exprimer par un respect de la vie et du corps et de l'esprit de l'autre ...ils vont s'exprimer par des gestes d'encouragement, de partage...ils vont s'exprimer par une compréhension et une communion mutuelles. Et l'Amour, étant transformation d'instant en instant, permet l'expérience d'une relation toujours neuve, libre d'évoluer à son gré. Elle repose sur la sécurité qui naît de l'abandon de la certitude absolue.

Pour en arriver là, chacun, de part et d'autre, avant de décider de vivre en couple, devrait être arrivé à une certaine autonomie amoureuse, autrement cela deviendrait une dépendance ou un égoïsme à deux d'où émergeraient l'innombrables disputes et conflits.

Mais, surtout, chacun devrait avoir assez d'attention, de tendresse, de respect pour **donner à l'Amour la possibilité de les renouveler, de les nourrir, de les combler de l'inépuisable.**

Ne rien attendre
de l'être aimé

L'Amour n'est pas une exploitation réciproque, Il ne
doit laisser aucune trace de dépendance,

de possession,
de sécurité,
de domination
ou d'attente.

L'Amour doit permettre d'être libre tout en étant
ensemble. Il doit permettre d'arriver jusqu'à l'autre
sans trahir sa propre vérité.

Pourquoi tant de brisures, tant de blessures dans la vie à
deux? Peut-être parce qu'on a tout confondu avec la simple
attirance, les mêmes goûts, la passion sexuelle, la sécurité affec-
tive ou pécuniaire, la valorisation sociale d'être deux et une
foule d'autres sentiments. - - - On choisit de vivre ensemble
pour expérimenter, s'encourager, se motiver à devenir tout ce
qu'on peut être chacun dans son originalité. On choisit de
s'aider l'un l'autre à devenir plus amoureux.

Je reste moi, tu restes toi,
mais nous nous rencontrons dans le «nous».
A chaque jour nous échangeons réciproquement
à travers ce «nous»
et si un jour ce «nous» devait se dissoudre,
il restera toujours toi et moi.

Le travail amoureux

L'action est un besoin inné chez l'être humain à un tel point qu'on a reconnu le travail comme une nécessité biologique... et combien longtemps on pourrait parler de sa valeur éducative et thérapeutique.

Cependant, où il y a l'Amour, la journée n'est plus divisée par ce qu'on appelle la corvée ou le temps du travail. Les courses, les repas, les imprévus, les problèmes, les études, les loisirs, les conversations, les méditations, les échanges les uns envers les autres, ceci ou cela...tout devient une seule et même coulée, tout devient notre participation, notre offrande à l'univers, tout devient expérience.

Souvent une victoire se change en une défaite et cette défaite en une victoire plus large. Souvent il est nécessaire de recommencer d'une certaine manière, d'une autre manière et peut-être encore et encore; mais peu à peu, à travers nos actions quotidiennes, on apprend, on progresse, on s'éveille à notre métier de créateur et à tout ce qu'on peut «être et devenir».

De tout travail où l'Amour circule, il y a

	action		joie
extérieurement		intérieurement	
	service		liberté

On ne peut survivre seul. Pour combler nos besoins, que de milliers de gestes, d'actions sont nécessaires; on se doit de collaborer à la production de biens et services essentiels à une existence décente. Ici, je ne dis pas entretenir le système et la puissance de la machine, cette mangeuse d'hommes qui vit de profits. Je vois plutôt le travail comme moyen de pouvoir participer à l'échange, comme moyen de pouvoir «être» et jouir davantage.

D'ailleurs, plus nous devenons conscients de la totalité du monde et de notre unité avec lui, plus notre participation nous libère et plus elle devient joie. Avec l'Amour, service et libération ne sont pas contradictoires; car, qu'y a-t-il de plus libre que l'Amour, et pourtant ce même Amour est toujours à la disposition de l'être humain pour l'aider.

Lorsque notre conscience aura saisi que: joie, action, service, liberté sont de même nature pour l'Amour; alors notre vie deviendra aussi joie, action, service et liberté.

Au fait, il n'y a qu'un travail véritable à faire: laisser l'Amour circuler afin de s'éveiller à notre «vrai Soi», et vivre de plus en plus en harmonie et heureux. Le travail matériel extérieur n'est qu'un moyen d'y arriver... Tout comme mère Teresa de Calcutta nous dit « ce que nous faisons: il ne s'agit pas de travail, ni même de travail social - nous avons à nous aimer les uns les autres».

L'Amour:
la drogue qui rassasie

Toutes les drogues, y compris l'alcool, sont prises pour toutes sortes de raisons toutes aussi bonnes les unes que les autres selon la personne qui les prend. Après observation, on se rend compte que la plupart du temps, cela arrive suite à un manque de joie. (aucun idéal, vie monotone, activités routinières où l'Amour ne circule pas) Cela arrive aussi suite à un éveil qui conduit à la non-acceptation des comportements de la société matérialiste, mais où il manque un soutien, une connaissance pour savoir comment réagir. Malheureusement, les drogues ne règlent aucun problème; bien au contraire il faudrait être sourd et aveugle pour ignorer tous les dommages qu'elles causent à tous points de vue.

Bien que la drogue soit une fuite et que la plupart des usagers le savent, il est quand même difficile, presqu'impossible pour eux de s'en sortir seulement à coups de raisonnement et de volonté.

> aime et laisse-toi aimer
> aime et laisse-toi aimer
> aime et laisse-toi aimer
> AIME ET ACCUEILLE L'AMOUR
> AIME ET ACCUEILLE L'AMOUR
> AIME ET ACCUEILLE L'AMOUR
> tu es un être merveilleux
> tu es un être merveilleux
> tu es un être merveilleux
> tu es un être divin en devenir
> ton souffle de vie est une étincelle divine
> on a oublié de te le dire...
> et tu peux tout, rien n'est impossible
> si tu oses t'éveiller à ton «vrai Soi»

Avec l'Amour,
tel un soleil,
je rayonne la vérité

L'Amour
et la méditation

La méditation n'est pas une technique, ce n'est pas aussi une fin, un but; c'est un des arts de la Vie qui conduit à une compréhension de la totalité de celle-ci.

On peut s'entraîner à méditer quelques fois par semaine, mais, peu à peu, toute notre activité devient source de méditation. Que ce soit à travers le silence, la visualisation, le mouvement, tout peut amener à baigner dans la Lumière.

En état d'observation ou d'attention - non par un raisonnement logique mais plutôt par un regard intuitif - on commence à saisir le processus de la vie et l'unité de tout.

L'Amour n'a pas de forme, n'a pas de contraire, n'a pas de dualité.

Laisse cette qualité méditative venir à toi pour te dire la beauté et la souffrance de la vie, afin que tu t'éveilles à ta propre douleur et à sa fin.

Laisse cette qualité méditative te faire entrer en contact avec la présence de l'Amour en toi et partout. Ainsi tu seras inspiré et guidé vers des sujets très purs; et toujours en méditation, tu apprendras ensuite à te mouvoir en comportements amoureux à travers les événements de la vie.

La méditation créatrice est un puissant moyen d'action, c'est un pont qui nous aide à intégrer le spirituel au matériel.

L'Amour
en chantant

Quand la tristesse rôde autour de moi,
c'est en chantant que me reviennent le courage
et la force de continuer.

Que mes peines, mes découvertes, mes expériences, mes luttes,
mes saisons, mes gestes, mes riens, mes ignorances et mes
appartenances,
que mes mains et mes perceptions, mes espoirs, mes vides, mes
questions, mes silences et mes cris, que tout devienne chant
d'Amour avec des mots de tous les jours:
unique
Chant Sacré du monde,
unique **Harmonie**.

> Pardonne, oublie et recommence,
> pardonne, oublie et recommence,
> mille fois par jour l'Amour est là
> pour nous aider à continuer.

> Chantons tout mon être et ma vie
> et tous mes gestes à chaque instant,
> mille fois par jour l'Amour est là
> avec sa force et sa joie.

> Amis de la terre entière
> n'ayons plus qu'une seule pensée:
> toujours, partout l'Amour est là
> plein d'abondance et de paix.

> Ouvrons nos coeurs, ouvrons nos coeurs,
> ouvre mon coeur, ouvre mon coeur,
> ouvre mon coeur au cri d'Amour,
> ouvre mon coeur au cri d'Amour.

> Tra la la la, la la la la,
> Tra la la la.....

L'Amour
fait fondre les peurs

Dans le plus profond de notre subconscient sont gravées toutes les vieilles habitudes de la vie depuis l'évolution de celle-ci dans la matière - des réflexes, des défenses, des habitudes de durcissement ... Et puis il y a tout ce mystèrieux avenir devant nous et l'ignorance de ce qui nous arrivera. Il n'est pas étonnant que nous ressentions si souvent la peur.

Si on pouvait en arriver à la conviction que **l'Amour est l'unique réalité qui constitue l'essence même de notre être et de tout le cosmos, et si on arrivait à vivre uniquement notre moment présent, la nouvelle nécessité ici-maintenant, alors plus jamais on n'aurait peur...** Comme on oserait faire des expériences de toutes sortes, et comme on serait libre et heureux pour avancer plus vite!

Voici seulement quelques exemples.

.....Peur du manque ... argent, nourriture ou autre ... c'est toi-même qui crée cette pensée, qui l'alimente et qui la fait grandir; tu te joues un sale tour puisque ta pensée se réalise, se concrétise aussi bien dans le négatif que dans le positif. Alors pourquoi ne pas dire et visualiser «l'essentiel matériel et même l'abondance circulent librement dans ma vie puisque je vis d'Amour et que l'Amour est la source de tout». Ensuite passe à l'action avec confiance et enthousiasme et tous tes besoins seront comblés par les lois universelles divines.

..... Peur de l'échec... avec l'Amour les mots «succès et échec» n'existent pas; toute la vie est un cheminement d'expériences. Quelle que soit la façon dont elles tournent, elles ajoutent toujours à notre compréhension.

..... Peur de ne pas être aimé... commence par aimer le premier. Aime sans possession, aime la vie, même dans ses moindres détails, même dans les plus petits gestes... aime ... aime ...

et bien vite tu sentiras la rétroaction de tes pensées et de tes sentiments.

.....Peur des autres ... nous avons à réapprendre à faire confiance aux autres. Nous sommes tous des humains avec nos limites, nos différences, mais nous sommes tous aussi des enfants de l'Amour. Plus nous serons amoureux, alors plus nous sentirons notre lien avec tous les autres, notre appartenance au cosmos et notre unité avec la grande famille universelle. Malgré tout, s'il t'arrive de te trouver face à l'erreur, face à l'agresseur, bombarde-les, aveugle-les de vibrations amoureuses. D'une part pour les neutraliser, et d'autre part ils ne pourront t'atteindre; car toute personne amoureuse crée autour d'elle une sorte d'aura, une sorte de champ de vibrations lumineuses et puissantes que rien ne peut traverser.

.....Peur de paraître ridicule, de s'extérioriser, d'être heureux... combien de gens ont mené des existences bourrées d'anxiété, n'ont vécu qu'à moitié, étouffés par de fausses valeurs, des croyances idiotes, des préjugés absurdes, des balivernes de toutes sortes. L'Amour ne s'embarrasse de rien de tout cela. Il est d'une vérité et d'une simplicité naturelle; c'est nous qui compliquons tout pour rien.

....Peur de l'angoisse de la solitude... quand on aime, il se crée autour de nous tout un réseau de soutien, même s'il nous semble invisible. Et puis quand on s'aime, on devient plus fort, on découvre nos potentialités, on croit en nous, on devient ainsi moins dépendant de la présence constante d'un autre être.

..... Peur de ne pas être à la hauteur de la situation... nous sommes des humains en évolution et, présentement encore, dans quelque domaine que ce soit, la perfection est inaccessible. Alors contentons-nous de vivre humainement et amoureusement.

.....Peur de Dieu... s'Il est l'Amour dans l'infinité, Il est tout à fait inoffensif; s'Il est l'Harmonie parfaite il en résulte que de Lui ne peuvent venir ni maladie, ni adversité, ni souffrance, ni condamnation sous quelque forme que ce soit.

.....Peur d'aimer .... aurais-tu peur de trop recevoir? L'Amour c'est donner / recevoir - c'est échanger. Si, sous-jacente à ta peur d'aimer, tu as peur d'être rejeté ou blessé, débarrasse-toi de toutes ces fausses idées qui t'amènent à cette réflexion. Tu es un être unique, différent mais sûrement complémentaire à un autre. Quant aux blessures, personne ne peut t'en imposer si ce n'est toi-même en les créant par de fausses pensées, de faux raisonnements ou avec le désir de la possession. L'Amour vrai laisse libre.

..... Peur de la mort... la vie et la mort sont une seule et même chose. Naître, c'est sortir du sein maternel à un monde nouveau; mourrir, c'est sortir de son corps matériel à un monde nouveau. En acceptant pleinement la mort physique, elle cesse d'être un obstacle, elle devient une ouverture, elle devient une transition vers une continuité. Elle devient une nouvelle naissance.

...... Peur d'être exploité, abusé dans un monde si contraire à la façon amoureuse de vivre, peur de devenir trop vulnérable....n'oublie pas que Dieu ou l'Harmonie dans sa Sagesse ne permettrait pas la transparence de l'être sans l'accompagner de la protection correspondante, mais surtout, toujours, tu dois voir l'Amour comme une FORCE PLUS GRANDE QUE TOUT ET NE JAMAIS EN DOUTER. «Personne ne peut te toucher, te faire mal, si tu ne le veux pas», *Richard Bach*. Si cela nous arrive c'est qu'on n'aime pas de la bonne façon.

> La peur est un état négatif que nous créons nous-mêmes, c'est un mot mensonger qui contredit la présence et la puissance de l'Amour.

De tout l'univers il n'y a rien à craindre, cessons de donner puissance à la peur, cessons de la nourrir.

«L'Amour est l'absence totale de la peur et il n'y a pas de santé possible sans une authentique paix intérieure» de dire sans cesse le Dr Jampolsky, psychiatre, à tous ses patients: c'est sa seule thérapie.

De plus la Lumière de l'Amour nous fait voir, nous fait saisir «qu'on peut faire tout ce qu'on choisit de faire», *Ange Stephens.*

Sa lumière éclaire, absorbe l'obscurité, résorbe toutes les peurs, nous permettant ainsi de continuer avec espoir et confiance à expérimenter la vie dans toute sa plénitude.

L'Amour
purifie

Physiquement l'eau purifie, nettoie; spirituellement c'est l'Amour qui purifie et nettoie.

L'Amour, en passant, prend ta tristesse, tes peines, tes misères, tes fardeaux, tes souffrances, tes angoisses, tes solitudes, tes malaises, ton égoïsme, ton orgueil, ta culpabilité, tes passions, tes obstacles, ton ignorance, ton agressivité.....

L'Amour te laisse beau
comme l'eau
du ruisseau en montagne
et tu peux poursuivre ta route.

L'Amour te laisse beau aussi
comme le buisson ardent
qui brûle et éclaire sans se consumer
et transcende toute expérience;
car partout où son feu passe
il se produit une transformation radicale
et on peut poursuivre sa route.

Faut-il croire à l'Amour?

S'il faut y croire, c'est seulement pour nous aider à avoir la bonne attitude afin qu'il puisse se manifester par nous.

«La foi, dit Sri Aurobindo, est une intuition qui non seulement attend l'expérience pour être justifiée, mais qui conduit à l'expérience».

Alors il faudrait y croire, non seulement par une affirmation théorique, mais avoir la certitude de la présence de l'Amour en toi, avoir la certitude de Sa manifestation terrestre et concrète, avoir la certitude que l'Amour est la cause de tout, et que, si on s'associe à ce Principe créateur, on peut tout transformer et tout créer.

L'Amour se manifeste, s'exprime en proportion de ton attitude de réceptivité et de consentement, en proportion de ton **abandon**, je pourrais dire. Ta foi doit être inébranlable, sans discussion, totale. Ton mental, tes émotions, tes sentiments, tes désirs, même ton physique et jusqu'à chacune de tes cellules doivent suivre le mouvement.

Ici, la foi et l'imagination se confondent presque. Tu crois à un tel point que ceci ou cela est possible, que tu l'imagines déjà réalisé. Parce que tu ne mets plus de résistance, et que tu vis d'Amour, tu permets de libérer des énergies bloquées, tu permets à l'harmonie de se répandre dans toutes les directions.

L'Amour est Tout avec toute la Puissance et la Beauté possible et impossible à imaginer. Il est au centre de tout et tu n'en es pas séparé. Au travers du brouillard, tu dois voir la lumière. Lorsque tu doutes, tu nies son Pouvoir et tu **luttes contre toi**.

C'est à chacun d'oser croire, de chercher, de risquer,

d'essayer, d'expérimenter. Ayons confiance et arrêtons de vivre seulement au dixième, au cinquantième, au centième de notre potentiel.

Tout s'apprend, tout peut se réaliser progressivement. Ayons aussi confiance aux autres, ils sont d'autres nous-mêmes.

Alors DOUTER c'est un mot, un sentiment à bannir à tout jamais quand on vit amoureusement.

L'Amour
donne de la dignité à tous

Présentement, on essaie de faire de la terre une immense industrie rentable en confiant aux machines tout le processus de production, en transformant ou éliminant le plus possible tout facteur vivant, y compris le facteur humain. Si certains économistes arrivent à balancer (même truquer) leurs chiffres – qu'en est-il de la dignité humaine et de la nature? – qu'en est-il de la santé, du bonheur et de l'harmonie de nos sociétés? – qu'en est-il de la beauté d'un plus vaste milieu de vie?

Aussi, des milliers de gens sur notre planète ont faim, ont soif, souffrent de toutes sortes de maux et sont sans abri... mais pire encore, des milliers et des milliers de gens sont rejetés, sont considérés en trop, sont oubliés.

Vivre d'Amour c'est savoir que chacun, par son rayonnement, a un rôle à jouer pour bâtir cette terre,
> chacun est important;
> on ne peut pas aimer et respecter l'un
> et se refuser à l'autre.

Vivre d'Amour, c'est considérer chaque être humain dans son originalité, dans son essence propre, personne n'est humilié. C'est le petit prince de Saint-Exupéry qui dit:

> «ce n'était qu'un renard semblable à mille
> autres, mais j'en ai fait mon ami et il est
> maintenant unique au monde».

Chaque être humain est en processus de croissance dans son environnement bien particulier, avec ses capacités, ses senti-ments, ses émotions, avec ses forces, ses faiblesses, ses espoirs, avec son karma. Tout compte fait, quand on sait qu'on est **tous sur la terre pour la même raison** il est admissible et plus facile de laisser tomber les masques, de sourire, de risquer, d'explorer, de trébucher et d'essayer de nouveau. Il est essentiel de laisser tomber les frontières et de se soutenir les uns les autres.

A travers des gestes et des événements différents, l'Amour aide chacun à naître à sa grandeur et à sa beauté. A travers notre humanité, l'Amour aide chacun à naître à sa divinité.

Même si on s'aperçoit que nos petits efforts sont bien vite engloutis dans cet immense abîme de misère dans lequel on se débat – ce qui compte c'est d'**être là**,

**c'est notre présence
qui manifeste l'Amour.**

L'Amour
est sensibilité

Avec l'Amour –

c'est le coup de masse, c'est le coup de mort à l'**indifférence**
et par le fait même à la violence et au terrorisme. Plus personne n'est un numéro. Plus personne n'est un objet.

Avec l'Amour –
tu vois l'autre au-delà de ses corps physique et psychique;
tu vois sa petite flamme de Vie qui l'anime tout comme elle
t'anime –
tu dépasses les croyances qu'on t'a imposées –
tu oublies les bonnes manières glaciales pour retrouver la solidarité spontanée –
tu saisis la beauté du moment –
tu différencies le réel de l'illusoire –
tu arrives à concilier un projet de joie à un projet monétaire –
tu goûtes la tendresse –
tu vis la fragilité et la force de la Vie –
tu entends les silences –
tu respires la brise et le fort vent de la liberté –
tu peux t'offrir un continuel sourire, une continuelle sérénité –
tu peux laisser couler le débordement de tes larmes, de tes
rêves, de ta créativité –
tu éprouves la souffrance comme un signe qu'il y a quelque
chose à découvrir, à guérir, à dépasser –
tu deviens un être humain heureux, vivant en totalité et pou-
vant l'exprimer en totalité –
tu sens vraiment que tu vis en profonde unité avec tout le reste
du cosmos –
tu deviens attentif et conscient aux phénomènes vibratoires,
aux variations de l'énergie –
tu connais une nouvelle puissance en toi –

Et lorsque se présente une situation qui te dépasse, qui te fait mal, qui t'angoisse: calme-toi, arrête de t'inquiéter et laisse agir les vibrations de l'Amour à travers toi, à travers ton simple geste. Cette force est plus puissante que n'importe quoi pour t'aider ou aider un événement.

L'Amour
ici-maintenant

Jamais on n'insistera assez
sur ce thème **«ici-maintenant»**.

Combien de fois nous apercevons-nous que nous
vivons de souvenirs, de regrets, de rancunes, de reproches? Combien de fois nous surprenons-nous à rumi-
ner ce qu'un tel nous a fait ou ne nous a pas fait?
Combien de névroses sont causées parce qu'on
n'arrive pas à se détacher du passé, à pardonner aux
erreurs et aux ignorances du passé, à oublier, puisque,
de toute façon, il n'y a rien qu'on puisse faire à propos d'hier?

Le reste de notre temps nous comptons sur le futur
(différence entre rêver et préparer le futur). Je serai
heureux quand j'aurai terminé ceci... quand j'aurai cela
.... quand je serai ... en attendant c'est pénible, c'est
peu motivant, c'est une vraie corvée... je suis en
attente d'un futur incertain... quelle comédie utopique!
C'est vrai, on n'arrête pas de se lamenter que le temps
passe vite et, en même temps, on n'arrête pas de gaspiller ce temps précieux et unique dans des nuages
évaporés ou imprévisibles et nébuleux.

L'Amour ne connaît qu'un seul temps: le moment présent. Pour vivre intensément, embarque dans le mouvement là où tu es, profite au maximun du geste, de
l'événement qui t'entoure. A chaque instant c'est à toi
de créer la réalité, le quotidien que tu choisis, que tu
voudrais vivre.
Ici-maintenant,
laisse-moi te regarder amoureusement.
Ô être humain,
je n'avais pas encore remarqué
comme tu es beau .....

L'Amour
et la persévérance

Comment espérer récolter les fruits de la liberté heureuse dans un jardin cultivé par l'esclavage servile?

La principale lutte que l'être humain ait à livrer pour sa libération, pour sa joie, **c'est celle qu'il engage avec lui-même**. Chaque jour, il faut faire l'effort, il faut persévérer; mais avec l'Amour on peut le faire joyeusement, voilà une grande différence.

S'il est triste de voir la souffrance et la misère, il est aussi triste de voir des gens paralysés par une trop grande peur ou n'ayant trouvé aucun sens à leur vie et s'épuisant à tourner en rond... de voir des gens qui par ignorance vivent de pensées négatives qui conduisent à la jalousie, à la tromperie, à l'agressivité... ou encore de voir des gens aveuglés par l'épaisseur de leur égoïsme. Mais le pire, c'est de voir des gens tièdes, indifférents, se contenter de leur avoir, de leur savoir ou de leur réputation de braves gens, ou se contenter d'être des assistés du système. Ils ne sont dignes ni du ciel ni de l'enfer. Pourquoi? Pour rien. Parce que justement ils ne font rien pour «être».

Heureux sois-tu, toi. Toi qui peine et jouis, qui tombe et se relève, mais qui avance dans la lumière. Heureux sois-tu d'élargir un petit peu à chaque jour ta conscience, de t'éveiller à ton être spirituel malgré toutes les forces adverses qui veulent te décourager. Heureux sois-tu d'aimer et ainsi de **répandre des vibrations harmonieuses** sur toute la terre. Car comment être heureux et ignorer les autres? C'est impossible.

Dans le plus fort de la tempête, fais silence, laisse passer la vague et identifie-toi à ta petite flamme intérieure qui elle n'est jamais touchée, ne perd jamais sa direction et ne souffre pas. Si le roc se dresse, si le précipice s'oppose à ta marche, contourne-les; si tu rencontres du sable mouvant ou d'autres obstacles, prends les moyens nécessaires pour toujours continuer quand même; si la foule te bouscule, même si la mort te frôle, ne t'arrête pas à t'apitoyer; si on rit de toi, ris avec eux et vous rirez ensemble..rira bien qui rira le dernier... l'Amour contient aussi l'humour, mais surtout ne désespère jamais, n'abandonne pas ton but à atteindre.

Pour nous rendre beaux, forts et libres, l'Amour a des mouvements imprévisibles et inconnus de notre mental. Au début tout notre corps résiste à ces nouvelles façons de procéder, à tous les changements de comportement demandés. Le message prend du temps à se rendre à nos cellules; nos émotions nous blessent longtemps; nos pensées refusent l'insécurité, l'inconditionnel; nos désirs se défendent avant de mourir; nos dualités s'affrontent avant de se fondre et s'unifier.

Alors il n'est pas de qualités plus nécesaires que la persévérance et une confiance inébranlable à travers toutes les difficultés, les retards et les échecs apparents, à travers tous les compromis exigés.

Ce n'est pas la lutte, l'effort, le défi qu'il faut aimer: c'est la vie qui en ressort.

La plus belle poésie

Il est une manière de voir ou d'être ouvert à
la Réalité sans intervention de la pensée ni
de la réflexion.

C'est l'attitude poétique, c'est aussi celle de
l'Amour.

L'Amour, tout comme la poésie, c'est la vie quotidienne, mais
vue dans la réalité absolue.

«Elle est retrouvée.
Quoi? - L'éternité.
C'est la mer allée
avec le soleil».
Rimbaud

Je ne sais pas
pourquoi
mais
je suis amoureuse;
et pendant que mon intellect
se repose,
mon coeur se réjouit.
Surtout
ne touche pas
à ma folie –
elle est si douce.
C'est par elle
que je vibre.

Avec l'Amour,
tel un soleil,
je rayonne la beauté

Les mauvaises habitudes
au feu de l'Amour

Ne lutte pas contre elles, au contraire, sers-toi d'elles pour faire des expériences. Bien éveillé, très consciemment, regarde-toi agir d'une façon neutre. Va au bout de toi-même. La difficulté a besoin d'être soulevée, d'être apparente. Tout ton corps en entier a besoin de bien voir, de bien saisir, car c'est lui finalement qui participe à la purification de lui-même.

Jouer avec les oppositions conduit à leur conciliation et à leur dépassement; alors continue et regarde bien, on apprend, on saisit bien par les contraires.

Observe, entends et vois aussi la vie qui fuse de partout, qui étale beauté, vérité et abondance partout et tes corps physique et psychique deviendront sensibles et choisiront d'eux-mêmes le meilleur.

> On ne lutte pas contre l'obscurité, on y introduit la lumière.
> On ne lutte pas, de toute façon, on en est tout à fait impuissant.
> Vis au rythme de la Vibration vraie, au rythme de l'Amour et c'est cette **Vibration qui fera le ménage** dans tout ton être et t'amènera à avoir des comportements amoureux. Nulle part, il ne s'agit de trancher le mal; mais de le convaincre de sa propre lumière.

> J'ai oublié le bien et le mal,
> j'ai oublié ce qu'est le vice et la vertu,
> je ne vois plus que l'Amour
> et son jeu dans le monde.

L'unité
de la création

«Nous avons été les bénéficiaires de notre héritage culturel, a dit le psychologue Stanley Krippner, et les victimes de notre étroitesse culturelle».

L'univers est la totalité de toi, de moi, de tous les êtres vivants, de tous les règnes vivants; que ce soit au niveau animal, végétal, minéral, il est la totalité de toutes les énergies. Il a un corps physique, spirituel et un centre conscient et il continue à se construire, à se transformer au fur et à mesure de la participation de chaque élément; il est la totalité de la création en cours.....

La terre est UNE, pourquoi les hommes ont-ils mis des frontières, des divisions? L'expérience d'une plus grande interaction avec les autres engendrera une nouvelle manière de participation, éliminera les problèmes de pauvreté, d'exploitation, de violence... L'évolution de chacun est liée à l'évolution de l'humanité et rien ne peut être sauvé si tout n'est sauvé.

Vivant dans et sous l'influence de l'univers d'où rayonne et converge l'Amour, si on n'y met aucun obstacle, aucune résistance, l'échange d'énergies se fait continuellement entre chaque être et tous les autres éléments. Tous les efforts humains deviennent alors source de progrès, de vie intense pour nous et pour tous les autres; et notre motivation et notre espoir grandissent, car il nous est plus facile de croire en ce qu'on a toujours pensé impossible: le paradis sur terre en vivant un Amour inconditionnel et universel.

Cependant, dans sa totalité l'Amour ne confond pas l'unité et l'uniformité. Chaque être humain forme un petit univers plein de potentialités infinies en qui l'Amour opère indépendamment avec une intensité et des nuances immesurables; et chaque être humain est à la recherche, à sa façon bien individuelle, d'une toujours plus grande vérité, d'une toujours plus grande participation à la totalité.

De toute la diversité, de toute la multiplicité jaillit une ineffable richesse qui n'est point interférence mais **résonance**.

Dans cette totalité, tu n'as pas à avoir peur d'être noyé; tu es une cellule différente et indispensable du grand corps cosmique, **tu es un être humain unique et précieux puisque tu es là**.

L'Amour
et la mort

La mort ne serait-elle qu'une autre expérience? Ne serait-elle qu'un autre instant unique dans l'immortalité de notre vie? Le Dr H. Spencer Lewis nous dit que le mot «mort» ne devrait pas exister parce qu'il s'agit plutôt d'une transition. Il continue d'expliquer qu'au moment de la transition, les parties physique et spirituelle d'un être se séparent, chacune allant à sa source - non pour mourir mais pour continuer d'une façon différente. Quand on aura compris l'instant de la mort, il n'y aura plus de peur et d'angoisse.

Alors,
apprivoise la vie, apprivoise la mort ou cet instant de transition,
pour pouvoir en être conscient
et même pouvoir le contrôler;
pour pouvoir fêter et chanter
lorsque cet événement t'arrivera ou arrivera aux autres.
On te traitera de fou, de naïf
mais c'est toi qui auras raison car

> «faut-il attendre de toucher la mort pour
> pleurer
> et regretter de n'avoir pas vécu du tout»
> *Thoreau*

Ce que nous appelons la mort est engrené dans la vie même, et si aujourd'hui tout semble mourir, ce n'est que par insuffisance de Vérité, d'Amour, de Joie. Puissions-nous très bientôt vivre l'immortalité, vivre une jeunesse éternelle.

Où nous amène l'Amour?

Vivre des minutes d'extase à des plans supérieurs du matériel, cela est possible pour tous. N'importe quel sujet peut t'y amener; il suffit d'une grande intensité de concentration ou plutôt d'un haut degré de réceptivité, il suffit de faire une percée.

Cela conduit à voir une réalité spirituelle et même divine derrière et au coeur de toutes choses. Cela conduit à voir le monde et à se voir d'un point de vue différent pour se dépouiller de notre illusion.

On baigne alors dans une douce paix, et la tentation est grande de vouloir retourner dans ce premier ou ce septième ciel et de vouloir y rester.

C'est une erreur à éviter, car il faut faire un pas et plusieurs pas de plus. Il faut essayer d'incarner dans son quotidien ce qu'on a vu, essayer de faire **descendre les Forces de la Vie, afin de les ancrer sur terre pour qu'elles nous aident dans notre évolution.** Il faut essayer de faire vivre ses expériences d'extase à tout notre être, en incluant le physique, le mental, les émotions, en incluant les gestes, les événements et tout l'environnement.

Si nous sommes sur la terre, c'est parce que c'est le lieu où tout le jeu doit se jouer présentement. Notre corps est à la fois instrument, musicien et musique. Ces éléments existent potentiellement en chaque être humain. L'amour ne nous amène pas, ne nous invite pas à une meilleure existence ailleurs dans le cosmos, car l'ailleurs étant partout, il est aussi ici. **L'Amour nous invite alors à transformer l'existence présente en une existence meilleure. Il nous amène à nous faire vivre l'unité et l'harmonie de notre être sur cette planète.**

L'Amour
sans attachement

«Ah! combien il est difficile d'aimer la création, mais l'aimer dans sa vraie perspective.
Comme le pèlerin, il faut traverser la terre et
ne point demeurer accroché à ses déchirants
appels, il faut réaliser la nécessité de sa présence et en même temps avoir appris à ne
pas succomber, car, toujours, il faut aller plus
loin».
Jacques Masui, dans Cheminements.

Ah! comme nous avons encore à apprendre
pour arriver à aimer sans nous blesser avec
les sentiments. Aimer de la bonne façon -
juste pour que l'Amour manifeste sa Joie et
son Harmonie.

Et combien il est lourd d'avancer en portant sur soi des épais-
seurs de jalousie, de rancune, d'orgueil, de suffisance, d'égoïsme,
de peur, de doute, d'angoisse ..... d'ignorance.

Et combien il est aveuglant d'avancer avec un masque pour
cacher tout cela.

Et combien il est encombrant d'avancer avec des bagages et
des bagages remplis d'argent, d'artifice et de nécessaire seulement pour entretenir ce masque.

L'Amour nous fait avancer
encore plus légèrement que l'oiseau
pour découvrir l'infinie beauté
et merveille et grandeur de la création:
et c'est sans bagage et ficelle
qu'on peut le plus vite
«devenir totalement»
à travers ce voyage de pèlerin.

L'Amour,
ce beau grand soleil de ma vie

Soleil terrestre!
Serais-tu l'expression physique de l'Amour divin!

   Ton langage est universel. Sans aucune distinction, comme
dans un état de joie surabondante, tu donnes à tous la possibilité de vivre de toi bien que, malheureusement, nous ne le fassions que trop partiellement... et pourtant on a qu'à observer:
toute l'abondance de notre nourriture, toute la beauté visible
par ta lumière, la chaleur bienfaisante que tu procures, la musique de toute cette nature qu'on te doit, la joie de vivre que tu
suscites...

> Nous ne progressons pas seulement de bas en haut,
> du passé vers l'avenir mais l'avenir aussi nous tire tout
> comme le soleil tire la fleur de sa semence. Alors,
> nous voyons mieux que c'est l'Amour qui fait presque
> tout le travail, **c'est l'Amour qui nous attire à Lui.**
> **Nous voyons mieux que nos grands efforts sont**
> **peut-être seulement la résistance de notre récepti-**
> **vité, la résistance de notre épaisseur et de notre**
> **obscurité, la résistance de notre consentement.**

– Ô soleil vivant,
je marchais dans l'obscurité
cherchant la chaleur et la beauté
quand une lueur m'attira
vers la croisée de rien mais à la croisée de tout.
Ô dépassement, qui me rend fragile,
ma force est en toi.
Que l'angoisse s'effrite!
Que la joie rayonne!

L'Amour est libre de préjugés

Pour être capable de juger quelqu'un, il faut avoir toutes les données sociales du milieu, de l'éducation reçue, de l'intelligence, de l'hérédité, de la constitution biologique, des influences cosmique et karmique, enfin, tout connaître de l'être que l'on juge. Or, comme pas un être ne connaît parfaitement l'autre: le jugement définitif est impossible.

> Je lui ai posé des questions ..... je l'ai classé ..... et j'ai décidé ou non de l'aimer ..... comme le monde est à l'envers et comme nous nous contentons d'une courte vision!

Aussi, trop souvent hélas, notre propre vocabulaire nous joue de mauvais tours et nous prive de beaucoup d'échange et d'enrichissement.

Pourquoi toutes ces étiquettes: c'est un retardé, un alcoolique, c'est un Noir, un Juif, un Arabe ou un professionnel hautain ou un clochard ou c'est un violent ou un drogué ou ... pourquoi tous ces complexes de supériorité ou d'infériorité que l'on se crée soi-même; pourquoi tous ces mots qui, même s'ils semblent vrais, ne le sont que bien partiellement car, derrière, il y a d'abord un «être humain» qui est aussi en cheminement comme nous?

> On se limite soi-même, on se met des barrières et on voudrait devenir beau, vaste et universel!

Quant aux idées et aux faits, bien souvent on aurait avantage à les juger. On a qu'à regarder tous nos systèmes qui fonctionnent à l'envers. L'éducation, le bien-être social, la santé, les loisirs, la justice, les arts, l'écologie, le travail.....sont d'abord reliés au mot «économie» alors qu'ils devraient être reliés à l'être humain. Jugez par vous-mêmes les conséquences! - Juger et préjuger: c'est deux.

Avec l'Amour,
tel un soleil,
je rayonne la puissance

L'Amour
et la matière

Cette matière qui est la terre, qui est l'oiseau, qui est l'eau, qui est ce caillou, qui est toi, qui est moi, cette matière que nous violentons, manipulons, exploitons, que nous piétinons, cette matière, sous quelque forme qu'elle soit, elle est **vivante**.

Au lieu d'extirper des entrailles de celle-ci de violents miracles, l'Amour la délivre à son propre pouvoir créateur, à sa propre joie créatrice et elle peut elle-même nous livrer tout à coup sa propre vérité, sa toute beauté.

Nous sommes heureux de vivre en ce monde, nous lui sommes attachés par tant d'innombrables liens.

Que ce soit par ignorance ou inconscience ou par manque d'Amour, blesser, polluer, détruire notre environnement **c'est se blesser, se polluer, se détruire soi-même**.

«Ô MATIÈRE,
sans toi, nous vivrions ignorants
de nous-mêmes
et de l'Amour.

Je te salue, inépuisable capacité d'être
et de transformation
où germe et grandit sa Substance élue».
Teilhard de Chardin

L'Amour
quelle folie!

Il est fait de rires, de larmes et de joie;
Il ne donne rien d'autre que Lui-même
et ne prend rien que de Lui-même.
Toujours grandeur, toujours simplicité,
toujours prêt à tout recommencer
et à tout faire durer.
La compréhension intellectuelle est limitée alors que
l'Amour nous entraîne sans cesse vers l'infini.....

On te dit que tu es fou d'aimer!
Et puis après! Dans ce monde chacun est un peu fou;
les uns sont fous d'argent,
d'autres le sont des créatures,
d'autres du luxe ou de la renommée
ou de la vitesse ou de l'ivresse.
Et toi, tu es fou d'Amour!
A chacun sa folie!

Pour l'être amoureux, il n'y a plus de dépression, d'angoisse, de suicide, de meurtre, de viol, de peur, de rejet de personnes, de violence ou de domination..... Cela ne vaut-il pas le risque de passer pour un peu «flyé» sur les bords ou un peu naïf?

Si, bien des fois, la folie est considérée comme un dérèglement du mental, elle peut aussi être un **dépassement** du mental. Elle devient alors une belle folie avouée et consciente qui pousse à la créativité. Puisse cette interprétation nous aider à accepter d'être un peu plus fou de la Vie et de l'Amour.

L'Amour ne connaît pas les distances

Lorsqu'on arrive à transcender le temps et l'espace, on n'a besoin de rien pour aller d'ici à là, car, comme le dit poétiquement Elisabeth Herron - «le centre du cercle peut être partout et la circonférence nulle part».

L'Amour ne connaît pas les distances, Il est aussi au-dessus et au-dessous de la montagne et de l'océan..... par contre une petite rancune, une pensée égoïste formeront un blocage suffisant pour empêcher deux êtres dans une même pièce de communiquer. Elimine cette rancune, cet égoïsme et te voilà reparti vers n'importe quel point de l'universelle réalité. L'Amour est aussi à l'intérieur et à l'extérieur de la conscience éveillée.....

Que tu sois en Asie, en Amérique, en Afrique, en Europe ou en Océanie, peu importe, ce n'est pas parce qu'un autre être humain vit à des milliers de kilomètres de toi que tu peux faire semblant de l'ignorer. Il est scandaleux de tant gaspiller ici, pendant que d'autres meurent de faim là-bas, de tant exiger ici seulement pour satisfaire son égocentrisme, pendant qu'on laisse exploiter là-bas, de défendre des causes si matérialistes ici, pendant qu'on agonise à petit feu là-bas, de se comporter comme si on était seul sur son terrain bien clôturé. Nous avons à vivre une vie individuelle et collective. Tous les peuples ou toutes les personnes qui ne visent qu'à un haut niveau de vie matérielle ou intellectuelle glissent assez vite dans l'angoisse, l'agressivité et même le désespoir. Peu importe les conditions sociales et l'endroit où l'on se trouve: **l'Amour est le fondement de chaque être humain et c'est une nécessité d'en vivre et de s'en nourrir**.

Avec l'Amour,
la prière est-elle nécessaire?

Tous les grands initiés priaient à leur façon. Relis l'histoire de Jésus de Nazareth, pour ne nommer que lui, et observe le grand nombre de fois où il est dit qu'il priait, qu'il entrait en contact avec Dieu, avec son Christ intérieur, son «vrai Soi». Quelle puissance cette relation ne lui a-t-elle pas donnée! «De moi-même je ne puis rien faire», disait-il.

Prier c'est s'unir à son être spirituel, c'est se fusionner à la Source de tout, c'est entrer en contact avec la Réalité totale, c'est provoquer la rencontre de l'immanence et de la transcendance, c'est provoquer la rencontre du spirituel et du matériel.

Tantôt, c'est s'offrir des moments privilégiés de contemplation, sans marchandage, tout en s'abreuvant à la fontaine d'eau vive; tantôt, c'est don de soi dans tout acte que l'on fait; tantôt, c'est simplement se tenir dans la Présence de l'Amour.

Que ma prière soit offrande, qu'elle soit communion,
qu'elle soit participation, qu'elle soit échange,
qu'elle soit abandon en l'Amour, qu'elle soit louange
ou rayonnement
je sais
qu'elle est entendue et
qu'elle m'aide à devenir.

L'Amour
guérit

**Réponds aux vrais besoins de ton être et
laisse circuler les énergies.**

Que ce soit un manque de respect envers la nature
ou envers soi-même, que ce soit l'ignorance ou une
attitude négative, que ce soit une carence quelconque,
un stress, un sentiment de culpabilité, de rancune ou
de peur, que ce soit des causes qui nous semblent
extérieures ou qui viennent de cette vie ou d'une vie
précédente, peu importe, cela revient toujours à dire
que les énergies ne circulent pas librement, qu'il y a
des circuits brisés, un manque d'harmonie quelque
part.

Nous sommes dans une grande erreur lorsque nous
voulons, par des tonnes et des tonnes de médica-
ments, guérir le corps en ignorant la totalité de l'être
et du plan cosmique, en ignorant que nous vivons de
différentes formes d'énergies.

Retrouver la santé, si nous l'avons perdue, c'est se trouver, se
connaître et s'aimer en revenant à une vie simple, saine et naturelle pour répondre aux vrais besoins de nos corps physique,
psychique et spirituel. C'est aussi arrêter de violer les lois natu-
relles et cosmiques tant au niveau de notre action que de notre
pensée. Enfin, c'est demander à notre être entier et jusqu'à chacune de nos cellules d'être consentants à se laisser imprégner
d'Amour en écartant tout obstacle, toute résistance pour Lui
permettre de le faire. Bref, c'est adopter un comportement
amoureux afin que les énergies circulent bien à travers tout le
système glandulaire, ostéo-musculaire, cardio-vasculaire, digestif,
respiratoire, circulatoire,..... à travers tout le système nerveux,
tous nos différents «chakras» et nos différents corps.

Finis les hôpitaux qui débordent, finis les établissements remplis de gens atteints de troubles psychiques allant de la déprime jusqu'à l'idée suicidaire. Finies surtout la souffrance, la douleur, le jour où nous serons convaincus que ce courant merveilleux de Vie qu'est l'Amour peut neutraliser toutes les discordes, tous les maux et jusqu'à régénérer toutes les cellules. Depuis longtemps les mystiques nous le disaient; depuis longtemps des peuples, en particulier les Orientaux, nous parlaient de médecine énergétique à travers le Yin/Yang jusqu'à la simple imposition de mains. Enfin pour nous, Occidentaux, certaines recherches scientifiques commencent à confirmer qu'ils avaient raison et que tout notre être est créé en vue de vivre entièrement d'énergies et éventuellement entièrement d'Amour.

Cependant, on risque d'attendre encore trop longtemps avant que l'économie matérialiste accepte une médecine naturelle et préventive qui laisse la place à peu de profits monétaires. Sache aussi qu'il n'y a pas de miracle gratuit à attendre. C'est toi qui doit le provoquer le miracle. **C'est donc à chacun de nous à s'éveiller, à prendre conscience de l'interdépendance de nos corps. Alors tu portes en toi ta guérison, et éventuellement la santé parfaite et la jeunesse éternelle, parce qu'en laissant circuler l'Amour tu rétablis l'harmonie.**

A l'écoute...
dans le silence de l'Amour

Nous sommes tous un peu mêlés devant tant de désirs, de sollicitations, un peu étourdis par l'agitation, la confusion du monde, un peu perdus dans des aventures, des pièges, des problèmes de notre propre fabrication. Nous courons de plus en plus et essayons toutes sortes de méthodes et de moyens pour nous en sortir et pourtant...

Il est primordial de commencer par faire un silence extérieur et intérieur pour parvenir à un état de calme afin de pouvoir prendre conscience de cette Présence d'Amour en soi et partout. Cette Présence qui voit et connaît toutes les solutions et qui peut nous amener à ressentir le vide plein.

Assis, bien détendu, les yeux clos, observe, remarque que toutes tes pensées, tes émotions et désirs te viennent de l'extérieur. Pour arriver à établir le silence, ne laisse entrer aucun d'eux en toi.

Regarde-les passer, ne t'attarde pas à analyser, jouir ou t'attrister. Pour t'aider, tu peux utiliser une simple image comme celle d'une mer immense sans ride sur laquelle tu flottes ou la syllabe mystique AUM dont les vibrations, passant par les trois niveaux de l'être, aident à nous unifier. Eventuellement tu pourras faire silence partout en marchant, en travaillant, en jouant... quelques instants suffisent pour reprendre l'équilibre au lieu de te disperser dans une multitude de vibrations épuisantes. Cela doit devenir un geste aussi habituel que tous les autres gestes, autant pour arriver à l'écoute de toi-même, de ton corps et de ton intuition que pour arriver à être à l'écoute des autres et de tout le cosmos.

Silence dans la tempête.

J'ai essayé d'apaiser une tempête par la logique.
Ça n'a rien donné.
La soumission passive n'est pas mieux.
C'est le **silence actif** qui a gagné.
Prendre des distances et
laisser rayonner l'Amour .....
laisser rayonner l'Amour .....
laisser rayonner l'Amour .....

Quelle est
la justice de l'Amour?

Malheureusement le système judiciaire d'aujourd'hui, avec ses milliers de lois, ne fait que codifier la plupart du temps les préjugés d'un groupe dominant d'une société, ou bien n'est qu'une façon ou presqu'un commerce pour collecter de gros sous;... on en est même rendu à s'abstenir du geste généreux et spontané par peur d'avoir des ennuis de poursuites judiciaires.

De son côté, monseigneur Tutu, d'Afrique du Sud, nous dit «il n'y a pas de paix parce qu'il n'y a pas de justice». Bien sûr le problème fondamental de la guerre est la domination qui conduit à l'injustice, ensuite à la violence, à la révolte. «Quand donc les peuples du monde se lèveront-ils pour dire, assez» ajoute-t-il. Combien longtemps allons-nous encore tolérer le ridicule ou faire les frais de cette grosse farce?

Osons juger ce système égaré que chacun de nous a établi, et que chacun de nous peut et doit maintenant changer.

D'abord, **VIVONS L'AMOUR** qui amène au respect de l'être humain et de toute la création; **VIVONS L'AMOUR** qui fait saisir notre unité et la nécessité d'être loyal les uns envers les autres; ensuite nous pourrons déchirer ces milliers de lois qui nous rendent esclaves, et chacun pourra vivre sa dignité d'être humain dans la liberté, la collaboration et l'abondance.

C'est au peuple, c'est à chacun de nous à refuser la dictature qui fait vivre dans l'anxiété et qui étouffe toute expérience. C'est à chacun de nous à laisser agir l'Amour afin qu'**il y ait de plus en plus de vibrations harmonieuses sur cette terre**. Ici il n'y a plus de récompense ou de punition. Chaque être humain a le droit d'être traité amoureusement malgré ses attitudes, ses déséquilibres, ses paroles, ses actions, ses différences.

Chaque être humain reflète la même lumière, si peu visible soit-elle en certains, et c'est précisément à cause de cette petite flamme intérieure qu'on doit s'entraider à échanger et à apprendre... apprendre à **vivre** un comportement amoureux.

On voit que ce serait une erreur de penser que la justice est seulement partage des provisions acquises par les autres, car elle servirait alors la jalousie et la paresse. Partager, donner, recevoir, aider n'est pas suffisant: **IL FAUT AIMER**..... «Si tu aides les clochards, alors naissent les droits des clochards. Lesquels sont évidents. Et ils te chanteront combien grand est le pathétique des clochards menacés de disparition». A. De Saint-Exupéry.

> **Plus l'Amour circule, plus la justice s'établit d'elle-même**. Ceci veut peut-être dire qu'il suffit seulement de laisser ou d'offrir la même égalité de chance à chacun pour faire ses propres provisions, ses propres expériences au point de vue physique, psychique et spirituel. Par conséquent, sentant une appartenance à l'univers et sentant la chaleur et le soutien de la fraternité, chacun peut évoluer librement.
>
> Quant au fait de naître dans un lieu et des conditions qui semblent défavorables, cela n'est pas suffisant pour dire: injustice..... C'est tout simplement que nous connaissons si peu, si partiellement, le fonctionnement de la création. Individuellement et collectivement nous avons semé cette misère partout sur la terre. La loi de la réciprocité déclenche toujours un processus équitable dans la constance de ses effets. – On récolte toujours ce que l'on sème. – Ce processus ne s'arrête jamais tel un fil sans discontinuité. Semons l'Amour et il est certain que Celui-ci dans son infinie beauté et son infinie harmonie rendra beau et harmonieux chacun dans son environnement et en son temps. Plain-

dre quelqu'un ne fait qu'ajouter de la pitié à sa misère. Immédiatement il faut aimer ... aimer ... aimer ... **rayonner la lumière, la joie, l'abondance envers qui que ce soit**. On ne peut plus permettre que la misère se reproduise, se perpétue.

Avec l'Amour,
tel un soleil,
je rayonne la santé

L'Amour construit,
la critique démolit

A chaque jour, partout et même dans notre entourage, nous nous construisons les uns les autres ou nous nous démolissons les uns les autres.

On est tellement habitué à critiquer qu'on ne se rend même plus compte de toutes les maladies que l'on s'attire, que l'on se crée et de tout le tort que l'on se fait et que l'on fait à l'humanité.

–A la place de la critique ou de l'attente passive, apporte ton enthousiasme, ta participation, ta créativité: le monde c'est toi. Trouve le petit point de vérité, le petit point de lumière qui fait progresser et émerveille-toi.

–A la place de la critique et de l'accusation, devant un acte vulgaire, un acte agressif, un acte dégoûtant - bénis l'être qui l'a fait, envoie-lui beaucoup d'Amour. Personne au monde n'en a plus besoin que lui. Devant une catastrophe, envoie encore des pensées, des vibrations d'Amour pour alléger la souffrance et la misère.

–A la place de la critique envers la guerre qui ne fait que la nourrir davantage en agressivité - apprends à avoir des comportements pacifiques. Deviens paix, devenons paix et propageons la paix en pensées, en paroles, en actions.

–A la place de la critique, défoule-toi en riant du ridicule, de l'adversité, du sérieux pour faire éclater les nuages devant toi: en riant de ce qui est laid pour le provoquer à devenir beau. «Etre Dieu c'est se moquer de tout sans rien déprécier». *André Moreau.*

Il ne s'agit pas de tout gober, il s'agit d'aimer l'être humain. Ensuite ignorer totalement ses gestes faits dans l'obscurité et l'ignorance qui vont se dissoudre de n'être point soutenus; et encourager ses gestes faits avec Amour qui vont se propager tout comme la lumière parce qu'ils sont remplis de vie.

L'Amour
et le temps

Qu'est-il ce milieu indéfini pour que nous lui donnions tant d'importance? Les synchronicités, les symétries, les dualités et la vision holographique nous font nous interroger sur le temps. Le pendule, l'échelle logarithmique ou l'épaisseur de dépôts géologiques ne font que mesurer son passage et pourtant nous vivons dépendants des contraintes du calendrier.

Et puis il y a tant de façons différentes de vivre le temps, qu'on pourrait dire qu'il y a un temps occidental, un temps oriental, un temps bureaucratique, un temps productif, un temps méditatif, un temps cosmique..... Les grecs avaient un autre terme plus juste pour le désigner: kairos. Plutôt que du temps mesuré, il était question de la participation au temps; un temps sans temps.

Mais comment l'arrêter pour le saisir, pour le vivre, pour en faire l'expérience? Et s'il n'y avait pas de temps, pas d'espace? - Seulement des événements. Et s'il fallait que notre cerveau doive intervenir pour qu'il soit? Ou peut-être en étant conscient de l'instant présent, peut-être deviendrait-il le seul qui existe réellement? Le passé, le présent et le futur existeraient-ils dans chaque instant?

Alors, quand aimer? – puisque l'Amour existe hors du temps tout en le contenant toujours.
Faudrait-il donc aimer à chaque instant?
Faudrait-il donc aimer tout le temps?

Après quoi attends-tu
pour donner du temps à l'Amour?

– que ta journée de travail soit terminée...
– que le week-end arrive...
– que tu aies terminé tes études...
– que tu aies suffisamment d'argent...
– que tu sois un peu plus à la hauteur de la situation...
– que tel ou tel problème soit réglé avant de...
– qu'il y ait un peu moins de violence sur notre planète...
– qu'il n'y ait plus d'obstacles...
– que l'autre commence avant toi...

et pendant ce temps, l'extraordinaire, le réel se passe à chaque seconde.

Avoir une conscience amoureuse du mouvement de la vie rend chaque instant beau parce qu'en continuelle transformation,
rend chaque instant important parce qu'unique,
donne à chaque instant sa signification en relation avec notre évolution.

L'Amour
rend heureux

C'est naturel, c'est bon, c'est sain de vouloir
être heureux et c'est à toi de décider, d'**oser
être heureux**.

Par la publicité ou par toute autre façon et pour différentes
raisons, que de fois nous tombons dans le piège d'une société
égoïste, matérialiste, déséquilibrée, dont la loi est le profit; que
de fois nous courons, nous nous épuisons à gaspiller nos forces. Nous écrasons, nous blessons des êtres, nous fermons les
yeux pour ne pas voir ceux qu'on exploite, pour finalement se
rendre compte que, plus on accumule ces soi-disant petits bon-
heurs que cette culture de consommation semble nous offrir,
plus on se vide.

Ce n'est pas en partant à la recherche du bonheur, que tu le
trouveras car il ne dépend jamais des possessions ou des actes
de quelqu'un d'autre. Tu dois le faire toi-même ce bonheur
puisqu'il est dans la démarche vers ce à quoi tu aspires,
puisqu'il est l'attitude non égoïste que tu as à chaque moment
présent et là où tu es.

En d'autres mots,
si pour toi, le bonheur te semble un état dans lequel
tes besoins matériels, intellectuels, affectifs ou spirituels
se trouveront satisfaits et bien! puise à l'Amour, puise
à la Source intarissable, d'abord pour être comblé, et
aussi pour n'avoir jamais fini d'être comblé; pour toujours demeurer en démarche vers...

Si pour toi le bonheur c'est de t'éveiller à toi-même et
bien! génère l'Amour, rayonne d'Amour, vis dans la
présence consciente de l'Amour pour t'éveiller à la fois
rapidement et en douceur à travers une vérité qui ras-
sasie, et qui, à la fois, donne la soif d'avancer davantage vers.....

Si pour toi le bonheur c'est de te libérer et bien!
identifie-toi, identifie tout ton être au principe Amour.
Toi et Lui vous ne devenez qu'Un - donc au fur et à
mesure de ton unification, à chaque moment présent
de ta démarche, tu deviens de plus en plus libre de
toute peur, souffrance, esclavage, obscurité et densité.
On n'a pas à attendre d'avoir ceci ou cela ou d'être
ceci ou cela pour être heureux. Le bonheur est inti-
mement lié à chaque geste amoureux qu'on fait.

«L'être qui vit d'Amour ne poursuit pas le
bonheur, c'est le bonheur qui le poursuit».
                              Peter Deunov

L'Amour
et les obstacles

Toute réalité présente deux côtés opposés: un côté qui vit dans l'ombre et l'autre qui vit dans la lumière; et les deux seraient nécessaires pour que la réalité soit.

Il n'est donc pas étonnant que les obstacles sur notre route soient partout et nombreux. Toute action que l'on entreprend porte en elle-même une résistance, ce serait ce côté d'ombre; mais il semblerait aussi que cet adversaire soit un collaborateur essentiel.

«C'est par l'alternance de L'Etre et du Non-être, qu'on voit la merveille du Non-être et les limites de l'Etre»
Lao-Tseu Tao-Te King

Il n'y a aucune porte infranchissable, il n'y a que des portes fermées et chaque bataille pour en ouvrir une est un appel à plus d'Amour, plus de force pour toi. Chaque nouvelle porte ouverte délivre une petite vérité, fait passer plus de lumière, laisse entrevoir l'autre côté.

Toutes les catastrophes, les misères ou difficultés ne seraient donc que des instruments, **des opportunités de progrès qui nous obligent à nous pencher sur toute l'étendue de notre être, de la terre et à tout embrasser pour tout guérir, pour tout accomplir.**

Il faudra encore vaincre et maîtriser plusieurs défis avant que l'Amour ait transformé l'ombre en lumière, et avant que l'on puisse vivre tout le mystère du monde.

Toutefois, gardons courage, c'est encore mieux que de continuer à patauger dans l'ignorance. Les défis

Comment
aider l'autre?

Quoi qu'on puisse en penser, pour aider l'autre il faut d'abord travailler sur soi. C'est même une condition essentielle «car comment le faire sans vision, sans pouvoir et sans joie», Sri Aurobindo.

Il faut arriver à **voir** totalement et loin dans l'espace et le temps. Autrement, comment réagir devant une vision partielle d'une situation, et de quelle façon aider tout en respectant le degré d'évolution de chacun?

Il faut aussi **pouvoir** le faire. Or **toute notre richesse, notre potentiel et notre pouvoir viennent de notre «vrai Soi».** Comme on ne peut donner ce qu'on n'a pas et ce qu'on n'est pas, il est évident que c'est d'abord à l'immanence divine en nous qu'on doit d'abord s'éveiller.

Et puis, pour ne pas se laisser balayer par tous les courants et contre-courants, il faut être assez fort pour être capable de tout transformer en **joie**, autant pour se protéger que pour pouvoir aider les autres... **car seule la joie peut donner la joie**.

Aider quelqu'un s'explique comme en deux phases d'un même mouvement. **D'abord s'aimer et ensuite laisser rayonner notre être.** Cette action d'Amour est la plus puissante au monde. Elle pousse chacun et chaque élément vers sa propre perfection, à travers tous les masques d'imperfection. Elle ne force pas les êtres ou les choses mais les dirige vers leur propre Centre, afin qu'au fond d'eux-mêmes, ils se voient, ils voient leur petite flamme d'Amour, qui est leur «vrai Soi»...afin qu'ils se reconnaissent avec toutes les visions, les pouvoirs et la joie et se délivrent d'eux-mêmes. Comme l'a dit Gautama Bouddha, «il est plus grand de consacrer cinq minutes à exprimer le véritable Amour divin que d'offrir un millier de bols de nourriture à des miséreux, car en exprimant l'Amour on aide chaque âme de l'Univers».

L'Amour
est ré-évolution

L'Amour est révolutionnaire à nos façons de penser et d'agir. Il nous fait passer par la gratuité, la spontanéité, la simplicité, Il nous fait aller au-delà de la logique. Il nous fait passer par la dépendance à son Energie tout en nous rendant autonomes et forts. Il nous change, nous transforme, nous fait grandir, nous rend heureux de par l'intérieur alors que la société nous influence, nous manipule, nous soigne, nous guide de l'extérieur. Il nous dit que service et fraternité égalent liberté et que toute dualité peut se concilier.

Qu'on veuille ou non accepter cette révolution, notre vouloir de vivre la joie, la sérénité et l'harmonie nous obligera à changer nos habitudes et notre mode de vie individuel et collectif. Révolution d'Amour, révolution sans violence qui n'apporte pas seulement changement de drapeaux mais changement dans le coeur et dans le comportement, changement vers une liberté vraie et durable.

Jeunes gens, jeunes filles, vous les étudiants peu ou trop intéressés, décrocheurs, vous les contestataires ou les sans travail, vous les mal compris ou les désabusés des solutions qui ne solutionnent rien, vous les prisonniers, les malades, les soi-disant bon à rien, les révoltés, les rejetés, les mis à part, vous qui êtes fatigués de tomber d'un piège à l'autre... toi, l'état providence déficitaire, toi la médecine incapable de conserver la santé, toi la science trop souvent polluante, toi aussi le syndicat trop souvent fourvoyé, toi le système judiciaire qui se fait ridiculiser, toi la multinationale sans nom et sans coeur qui vient d'être bombardée... toi qui vit sur le bord de la faillite, de la dépression ou du désespoir, toi, toi, toi... à tous il faut beaucoup de courage pour accepter de recommencer à neuf: les ajustements ne suffisent plus.

Puisque votre situation personnelle ou sociale vous a amenés jusque là, puisque vous avez touché le fond, maintenant vous êtes prêts à crever, à vous perdre, ou à remonter à la surface, à déboucher sur la lumière. Enrichis de cette expérience, vous devez trouver des façons nouvelles de vous en sortir, vous devez trouver des façons nouvelles de continuer à bâtir une société plus belle et plus harmonieuse. Votre présente situation de misère vous a éveillés et fera de vous des pionniers; vous êtes un pas et peut-être même plusieurs pas en avant des autres. Ce ne sont pas seulement des mots flatteurs, c'est une réalité.

L'ère du Verseau dans laquelle nous entrerons nous entraînera tout probablement vers une nouvelle civilisation. L'éveil de nos consciences se fait et peu à peu l'Amour agit de plus en plus un peu partout. Cependant cette puissante Energie n'hésite pas à faire craquer nos systèmes religieux, politiques, sociaux, éducatifs, économiques et nos valeurs. Nous sommes dans une période de transition où tout semble s'effondrer, où un grand nettoyage se fait et continuera à se faire.

A partir de rien et de tout, à partir de l'Amour tout peut et doit être réinventé et transformé - ce n'est pas le travail qui manque! Mettons autant de temps, autant d'audace ou d'initiative créatrice au service de l'Amour et il est certain que nous dépasserons tous les records de succès heureux établis durant l'époque agricole, industrielle, informatique ou autre.

> Toi, et tous les autres,
> et moi, n'hésitons plus - soyons amoureux.
> Nous aurons alors plus de vigueur et de possibilité
> pour passer à travers cette transition
> et aider les autres.

L'Amour
et la violence

On peut tout être, tout faire et tout avoir par l'Amour; c'est la Source intarissable de tout ce qui existe et le lien qui nous relie tous, nous fait tous participer de la même Vie.

Sachant cela, pourquoi le besoin de vouloir conquérir, de vouloir tout dominer; pourquoi la poursuite de fins et de satisfactions seulement matérielles qui ne peuvent que nous dresser les uns contre les autres, car l'être humain a des besoins d'infini et l'infini ne s'obtient que dans le royaume des choses spirituelles.

Ou encore, pourquoi vouloir se sécuriser en faisant peur à l'autre. C'est une bien grande ignorance que de se cacher derrière l'agressivité pour paraître fort. L'agressivité est un signe de faiblesse et elle affaiblit davantage ceux qui s'en servent.

Regarde aussi l'histoire de l'humanité. Les êtres se sont constamment opposés par le jeu cruel des guerres. Et cela n'a jamais rien résolu; on continue toujours de domination en nouvelle domination et de vengeance en nouvelle vengeance.

Et puis, sais-tu exactement pourquoi tu te bats? Ne serait-ce pas pour suivre le délire agressif d'un mouvement de foule qui assouvit ses passions ou ses frustrations dans une agitation frénétique?

Quelqu'un est violent à cause de l'ignorance, de l'inconscience puis il en prend une habitude. Quelqu'un est violent aussi à cause des tromperies, des haines, des privations et des blessures qu'il a connues et pourtant il continue à blesser quelqu'un d'autre et la loi continuera à le blesser en le punissant.

C'est là qu'on se rend compte que la seule issue de se sortir de ce dilemme est d'aimer... aimer... aimer... et aimer encore plus.

C'est là qu'on se rend compte que la solution au terrorisme n'est autre qu'une plus grande circulation de l'Energie-Amour par la bonne volonté de chacun afin que des vibrations harmonieuses se répandent partout.

Peu de temps avant sa mort, Gandhi observait avec tristesse que la non-violence n'est pas suffisante pour anéantir la violence. Il faut de plus que ce geste soit nourri d'Amour; **seule une «Energie vivante» peut neutraliser, transformer, harmoniser et peut rassasier**.

Et comme la plupart du temps la violence a quelque chose à dire ou à prouver, vouloir la réprimer ne peut que produire un effet temporaire. Donnons-lui plutôt la chance de s'exprimer à travers l'**infinie créativité de l'Amour**.

L'Amour
et l'angoisse de la solitude

On ne voit plus ...
on n'écoute plus ...
on ne se soucie plus ...
chacun fait sa petite affaire et c'est le sauve-qui-peut ...
puis c'est l'indifférence envers les autres...
c'est la méfiance...
et finalement l'angoisse de la solitude s'installe...

Que de fois hélas! on se sent perdu, stressé, se retrouvant seul, sans soutien, sans solidarité dans un monde matérialiste exigeant la vitesse et l'argent sans arrêt.

L'Amour nous invite à faire tout à fait le contraire, c'est-à-dire, à remarquer la présence de l'autre, à vivre continuellement en interrelation, à participer sans cesse, à se considérer comme une seule famille vivant sur une terre appartenant à tous.

– Trop souvent on fait des calculs avant d'oser être généreux, avant de laisser circuler le courant des énergies.
– Ou encore on est si occcupé à vouloir tout se procurer qu'on laisse passer l'essentiel des mouvements de la vie.
– Il y a aussi la peur qui nous empêche de communiquer et de participer au libre jeu de l'Amour.

Erich Fromm nous dit que «le besoin le plus profond de l'homme de ce siècle c'est celui de surmonter son isolement». Nous sortirons de cette prison le jour où nous aurons pris conscience que nous sommes tous liés les uns aux autres et que nous devons vivre l'expérience de l'Unité.

Les relations humaines...
quel terrain d'apprentissage!
quel milieu propice à la croissance!
et quelle occasion d'éviter l'angoisse
de la solitude qui conduit souvent au désespoir.

Cependant, j'essaie aussi d'apprivoiser et de me laisser apprivoiser par la solitude car elle est indispensable: c'est à travers elle qu'on se rapproche de nous-mêmes.

«non je ne suis jamais seul avec ma solitude
par elle j'ai tant appris...»
Georges Moustaki

L'Amour
dans l'action

Nous pourrions tous être heureux et faire de
la terre un vrai paradis; il suffirait de passer à
l'action amoureuse pour que l'Energie
agisse et se manifeste.

On ne peut saisir le sens de la vie en voyageant et en
regardant d'un point à l'autre du globe. On ne peut se
laisser emporter par une symphonie seulement en
analysant son mode de composition. Il faut participer
et la plus petite action vaut mieux que la plus grande
intention.

«L'univers, dit le physicien John Wheeler, ne serait-il pas
étrangement amené à l'existence par la participation
même de ceux qui y participent»?

Et Lanza Del Vasto affirme dans le même sens «je me
croyais quitte envers une vérité quand je l'avais formu-
lée et comprise. Je n'avais pas compris alors que vérité
oblige, qu'elle exige de nous autre chose qu'un acte
de locution. Que nous lui devons l'adhésion de tous
nos actes».

**L'Amour, qui est sans forme, a besoin de nos actes, de
nos gestes pour se concrétiser dans notre monde matériel,
afin de tout rendre harmonieux sur cette terre.** Lorsque je
dis l'Amour a besoin ce serait plutôt par choix, par liberté
d'expression, par plénitude de joie ou ... qui comprend les énigmes de l'Absolu? D'autre part **chaque être humain et l'humanité ont besoin d'Amour pour arrêter et guérir la douleur
dont ils souffrent et pour continuer leur évolution.** Alors
comment pouvons-nous vivre dans l'inaction? Ne devons-nous
pas par notre activité fournir à cette Energie un véhicule pour
se manifester et agir?

S'il nous en faut davantage pour être convaincus, souvenons-nous simplement que la vie heureuse est mouvement harmonieux. Alors arrêtons de nous poser des questions, de critiquer ou d'attendre, arrêtons d'abandonner notre sort aux spécialistes ou autres; mettons-nous à vivre activement et amoureusement et ressentons-en les résultats.

Bien évidemment, **seule, l'action n'est pas suffisante**; sinon pourquoi y aurait-il des actes qui conduisent au bien-être et à la libération de l'être et d'autres à la destruction? Pourquoi y aurait-il des gens heureux même à travers des événements difficiles et des gens tristes, malheureux, même à travers des événements heureux? – C'est tout simplement parce que les premiers laissent agir l'Amour dans chacune de leur action alors que les autres ne le font pas. **C'est cet Amour qui fait toute la différence et qui fait jaillir la joie, la force et l'harmonie de notre geste et qui le rend universel**.

Mystérieux Amour

Mouvement que la pensée ne peut jamais prévoir, ni comprendre, ni capter. Mouvement qui doit être vécu pour nous livrer son secret. Il n'appartient pas au temps; Il se renouvelle toujours; Il est au-delà du temps et à la fois ancré dans notre quotidien.

Avec l'Amour, ce que l'on donne s'ajoute à ce que l'on gagne. Ce que l'on partage se multiplie; il n'en tient qu'à chacun de jouir de l'abondance ou de se priver de celle-ci.

Avec l'Amour, toutes les contradictions de l'existence deviennent source de progrès et les dualités se transcendent. C'est une unité toujours progressive qui se fait en même temps que progressivement diversifiée.

Avec l'Amour, on est immédiatement au coeur des choses par une participation totale de l'être. Il réunit et lie inséparablement l'action d'abandonner et celle de recevoir; Il est un lien qui relie à tout, qui fait que tout se tient dans l'univers tout en laissant libre.

Avec l'Amour, la chaîne de la causalité peut être interrompue ou transformée. Si tel geste entraîne telle ré-action, l'Amour n'entraîne aucune ré-action: l'Amour se manifeste, c'est tout. De plus, Il supprime tout désir, tout égoïsme, toute fatalité..... et nous voilà sortis de ce cercle fermé. Maintenant tout nous est possible.

Mystérieux Amour! Quel défi, quelle joie à te **vivre** et à te démystifier un peu plus à chaque jour!

Avec l'Amour,
tel un soleil,
je rayonne la lumière

L'Amour devant l'épreuve, les événements difficiles

- Merci de ce qui m'arrive, cela veut dire que j'ai une leçon à apprendre. - Ce n'est pas facile à admettre, mais c'est une réalité.

Toute épreuve est une expérience, une étape de croissance qui conduit au dépassement de soi-même; c'est une grande impulsion qui pousse l'être à sortir d'un état inférieur pour atteindre un état supérieur; c'est une faille qui laisse entrer une vérité; c'est à la fois un défi et une opportunité.

En aucun moment, il ne faut pleurer sur soi-même, avoir pitié de soi ou des autres. Bien que ce soit une réaction humaine, elle est tout à fait stérile. Il ne faut pas non plus continuer de vivre dans le passé ou se consoler par des fausses illusions ou par des fuites, encore là, c'est entretenir, c'est nourrir sa peine.

Il faut **s'aimer** et **aimer**. Physiquement il faut lutter joyeusement et s'abandonner à l'Amour, sachant que cette Energie a la puissance de nous aider. Dans quelque circonstance que ce soit, l'Amour peut te refaire sourire à la vie et te faire saisir qu'il y a plus, beaucoup plus que ce qui vient d'arriver. Plus tu seras amoureux, plus tu seras protégé, plus ce mot épreuve perdra son sens pour toi jusqu'à devenir un événement accepté, vivable parce que transformé en un acte de croissance.

N'oublie pas qu'une petite vérité libératrice est cachée dans chaque expérience et que malgré les apparences présentes, la lumière se fait. N'oublie pas aussi que tu ne peux transcender, dépasser quelque chose qu'en l'ayant tout d'abord traversé à fond, assumé, accueilli et t'en être guéri.

Pour en profiter pleinement, bien que tu sois fragile

dans tel moment difficile, vis-le les yeux bien grands ouverts surtout en demeurant souple et en laissant circuler l'Energie. Ainsi, tout comme la pluie et le vent fortifient l'arbre, tu en ressortiras plus fort et plus beau qu'auparavant.

L'Amour
et la souffrance

A première vue, l'univers semble un lieu de souffrance sans raison, puisque tout aurait pu être organisé pour rester dans la joie. Et puis, après réflexion, je me dis que, puisque c'est ainsi que je le perçois, c'est tout probablement parce que ma compréhension et ma vision sont trop limitées et partielles pour comprendre toute la grandeur, et les où, quand, comment, pourquoi de la création. Alors à quoi sert de philosopher? Essayons plutôt de s'en sortir.

Présentement, devant l'orgueil, devant l'erreur, devant l'attachement ou afin de nous faire saisir une vérité ou nous amener à un dépassement, les conséquences de nos actes n'hésitent pas à nous conduire jusqu'aux abords extrêmes de la douleur, à nous mettre loyalement en face de nous-mêmes afin que nos yeux se dessillent et puissent apercevoir la Réalité. C'est comme s'il fallait passer par ces expériences pour apprendre à changer de direction ou à changer de vision ou de rythme.

Pour toutes ces raisons, nous voilà de nouveau portés à croire que la souffrance est nécessaire. Pourtant non! Elle existe parce que nous sommes encore peu éveillés à l'Amour; en attendant, ne la rendons pas inutile en nous révoltant mais offrons-la tout simplement. - Ma douleur étant la douleur du monde, mon expérience devient celle du monde, la vérité que je vais y trouver devient celle du monde et ma délivrance devient la délivrance du monde. -

Il semblerait que la vie essaie de nous éveiller, de nous épurer, de nous sculpter. Mais dans sa sagesse infinie la dose sera adaptée aux capacités et besoins de chacun, et le pas que nous ferons à travers cette souffrance nous fera toujours rebondir dans une lumière plus grande.

Pour moins ressentir cette douleur il faut la transcender en une expérience évolutive. «Alors elle devient une souffrance ini-

tiatique, elle acquiert une signification bien différente de la souffrance injuste épreuve», nous dit Janine Fontaine, auteure du
livre: la médecine du corps énergétique. Il faut saisir le message
et accepter la transformation. Il faut surtout saisir que **l'Amour
est plus puissant que la souffrance et que nous devrions
être rendus suffisamment conscients pour pouvoir choisir
cette voie à partir de maintenant**.

> Je ne désespère pas,
> je m'abandonne entièrement à l'Amour
> pour guérir et dépasser ma souffrance,
> celle des autres et celle de la terre.

L'Amour
au fil des jours

Vis amoureusement les vingt-quatre heures que tu es en train de vivre, sinon tu passeras chaque lendemain à réparer les conséquences des erreurs commises la veille, à t'excuser, à courir, à pleurer... alors que de jour en jour tout pourrait devenir plus beau et plus facile.

Reste toujours en éveil, en recherche, expérimente sans cesse. La vie est un cheminement, une croissance qui demande de s'adapter à chaque instant, qui demande une petite révolution de chaque moment, et aussi qui demande souvent de recommencer mille et une fois avant d'avoir bien saisi.

Arrête de vivre de la routine monotone et ennuyeuse, et réalise le présent en l'imprégnant d'Amour envers toi et les autres. Alors les simples gestes de parler, travailler, manger, jouer, étudier... te livreront leur vérité et te feront glisser peu à peu vers ta liberté.

Ce quotidien forme la scène sur laquelle nous jouons notre éternité; le paradis, le nirvana n'est pas en haut, il est à bâtir ou à être réalisé ici. C'est avec tout notre être, sur cette terre et dans nos gestes de tous les instants que nous devons être heureux et arriver à la sérénité.

Demain deviendra le présent. - Faut-il essayer de deviner l'avenir ou ne faudrait-il pas plutôt s'appliquer avec enthousiasme et sagesse à créer aujourd'hui ce qu'il sera?

L'Amour
est accueil

L'Amour fait plus qu'accepter. Il accueille et doit être accueilli.

En plus de toutes mes autres blessures, j'ai celle du rejet - peux-tu savoir ce que c'est!

Parce que je suis défiguré dans mon corps - quant à moi, mon mental est arriéré, il est lent et quelquefois mêlé - moi, j'ai fait des expériences qui m'ont valu la prison - et moi je n'ai pas de piastres, je n'ai que des sous - et j'ai des problèmes, un paquet de problèmes - de plus, tu as plus de connaissances que moi - et je suis vieux, plein de rhumatismes et de traumatismes - et c'est vrai que je suis agressif - ou je n'ai pas les mêmes habitudes de vie que toi --- pour toutes ces raisons et bien d'autres, tu me reproches tant de choses et tu ne me permets pas de continuer près de toi.

Pourtant, je peux te dire qu'au fil de ma souffrance, j'ai appris que l'Amour n'est pas reproches, ni conseils pour essayer de pétrir l'autre, mais c'est d'abord cet accueil qui nous permet de continuer de cheminer en partant de là où on se trouve.

Devant tant de gestes de rejet, devant tant de manque d'Amour, j'ai des blessures tellement profondes,
le monde a des blessures,
la terre a des blessures,
qu'on ne peut continuer à vivre sans compassion, sans tendresse les uns envers les autres.

Un être humain blessé est toujours fragile, il faudrait arriver à l'accueillir avec délicatesse, arriver à l'accueillir tel qu'il est dans son être comme si c'était Dieu qui venait nous visiter et s'il est en détresse essayer de le diriger vers son Centre, son «vrai Soi».

Un être humain blessé doit aussi apprendre à accueillir.....

L'Amour vaut des trillions de fois l'humaine méfiance,
                              l'humaine avidité,
                              l'humain égoïsme.

«j'accueille les saisons
entre mes bras tendus
et le monde très beau
habité de patience».
   Francine Hamelin

L'Amour
sans morale

On ne pourra parler de moralité tant que de celle-ci surgira le désir d'un profit, d'une distinction, d'une exploitation, tant que de celle-ci surgira la guerre.

Et puis combien de gens déséquilibrés à cause de culpabilité, d'angoisse, de crainte provenant d'une morale de contrôle, de domination? Combien de génies étouffés, d'éveils retardés? Et de nos jours combien de jeunes démissionnent, décrochent, s'égarent dans les drogues ou d'une secte à l'autre parce que la morale qu'on leur propose est fausse, non-créative et parce qu'ils se sentent impuissants dans leur lutte face à un pouvoir sans Amour?

D'un autre côté, il est trop facile de voir la morale comme un but final, de se sentir satisfait d'être vertueux, d'être convaincu d'avoir réalisé ce qu'il y avait à réaliser et de ne tendre à devenir toujours un peu plus. Il est trop facile de tirer vanité de sa bonne conduite morale pour ensuite aller de préjugés en préjugés envers les autres, tellement facile qu'on s'est inventé un juge suprême pour réglementer notre morale alors que Dieu est Amour.

> La moralité qui surgit de l'Amour n'a pas de définition, n'a pas de loi; elle procure la respectabilité de tous et n'existe qu'en fonction du bien de l'ensemble, c'est tout.

> Elle est inscrite au fond de ton être comme un besoin, une nécessité qui conduit à un geste spontané, gratuit, un geste vivant et qui transmet la Vie.

> L'Amour est sans morale.
> L'Amour est **harmonie**.

De plus en plus conscient

A travers notre long voyage évolutif, nous sommes arrivés, paraît-il, à l'ère de l'éveil de la conscience soit sur le plan individuel, collectif ou cosmique. Selon où chacun est rendu nous devons continuer notre cheminement.

Nous avons à devenir de plus en plus conscient des énergies qui circulent partout, et qui nous font vivre à travers chaque mouvement, chaque parole, chaque pensée.....

Devenir conscient en nous-mêmes dans la veille, dans le sommeil, même dans la transition de la mort physique et éventuellement de notre immortalité...

Etre conscient de l'unité du plan de la création, de son fonctionnement...

Etre conscient de la présence des autres et de notre lien avec eux...

Etre de plus en plus conscient à chaque jour, chaque heure, chaque minute, chaque seconde, de l'Amour qui coule à travers nous, agit par nous, alimente notre petit feu intérieur, spiritualise notre humanité, rend notre vécu quotidien plus facile et apporte la paix et la joie...

Etre conscient que tout notre être, petit à petit, se transforme; être conscient des changements, de la nouvelle force, d'un début de sagesse; être conscient de notre potentiel à développer; être conscient de notre intuition...

Etre conscient que la terre et toutes les formes de vie de tous les règnes vivent aussi d'Amour et sont comme des prolongements de nous-mêmes....

Devenir conscient, c'est s'éveiller à la Vie, c'est commencer à percevoir pour de vrai, à saisir, à vibrer, à pouvoir s'émerveiller, à pouvoir jouir, à pouvoir créer.

C'est quitter peu à peu les ombres, les brouillards, les ténèbres de la nuit pour avancer dans la lumière du soleil...

Devenir conscient, c'est s'éveiller à son être spirituel, à celui des autres, c'est s'ouvrir à la grande conscience universelle et éventuellement à la Conscience Divine.

Et puis devenir conscient, c'est devenir invulnérable car qui toucherait le Maître éveillé?

L'Amour
est paix

La paix n'est pas seulement
absence de guerres,
elle est avant tout
harmonie
provenant de chaque être humain.

Tout a été dit sur la guerre: on n'en veut plus. Tout a été dit sur la paix: il faut maintenant la vivre. Chacun de nous émet des vibrations et c'est du total de celles-ci que sont formés les événements du monde. Présentement la violence, l'égoïsme, la domination... s'ajoutent à l'accumulateur collectif et, à un moment donné, les effets se font ressentir un peu partout et la guerre éclate (grosse ou petite). **C'est donc à l'intérieur de chacun de nous, à chaque jour dans notre quotidien, que se joue la paix du monde, et l'Amour est synonyme de paix parce que Celui-ci nous amène à émettre des vibrations d'harmonie**. C'est à chacun de nous qu'il faut demander de vivre amoureusement, **de trouver sa sérénité pour qu'ensuite celle-ci rayonne** dans sa maison, son village, son quartier, son milieu de travail, son école, son état, sa province, son pays et à travers la planète entière.

INONDER, SATURER son environnemnt, son entourage et l'univers entier de pensées d'unité, de pardon, de bonne volonté, d'échange et de joie DONNE VIE À L'AMOUR, ce qui a comme effet de produire la paix.

Avec cette nouvelle compréhension de grande famille humaine, peu à peu s'établit un système social où prévalent le respect des différences et la collaboration. Partout une nouvelle éducation se fait. Les défis de bâtir une planète où il fait bon vivre et la créativité de l'Amour offrent à tous de nouvelles possibilités de s'exprimer, et l'économie de guerre est transformée en une économie de bien-être pour tous.

Quelle sérénité de vie, quelles fantaisies et quels progrès nous seront alors permis lorsque l'Orient et l'Occident, le Nord et le Sud deviendront Amoureux!

Avec l'Amour...
tout est nouveau

D'une saison à l'autre, il ne s'agit plus de suivre le chemin tracé, ni même d'essayer de refaire mieux ce que les autres ont déjà fait. D'une saison à l'autre, l'Amour nous invite à continuer d'avancer mais sur un chemin inexploré et avec des moyens tout à fait différents.

– C'est l'aventure avec toutes ses surprises, ses imprévus, ses difficultés, ses découvertes, ses défis, ses joies, ses libertés subites, ses improvisations contraires à une sécurité qui, elle, ne permet pas d'explorer plus loin que ses interdits.

– C'est l'aventure avec ses risques... et puis après, celui qui ne risque rien ne fait rien, n'a rien, n'est rien et ne devient rien.

– C'est l'aventure où nous marchons, non plus au rythme du pendule ou de la machine, mais au rythme de la vie de notre être, au grand Rythme de l'Harmonie.

– C'est l'aventure où on n'a pas besoin de trouver des raisons ou des façons pour aimer ou être aimé; on est vrai, c'est suffisant.

– C'est l'aventure où il est préférable de marcher avec simplicité et sans fardeau afin de mieux être à l'écoute de son Soi, de là où nous vient la force qui garantit le progrès de la marche.

C'est en étant à l'écoute et à l'observation du mouvement de la Vie qu'elle nous dira elle-même ce qu'elle est –

finies les manipulations,
les déformations,
les dilutions,
les additions.

En devenant attentifs et amoureux tout semble **nouveau** et nous voyons ce nouveau. C'est comme si les êtres et les choses nous dévoilaient l'autre côté de leur médaille... leur face cachée... c'est comme s'ils se laissaient voir de l'intérieur, se laissaient voir en profondeur. C'est comme si chaque pierre devenait pierrerie. C'est comme si on commençait à pénétrer certains mystères, à sortir de nos limites pour se fondre dans la grandeur de la beauté.

Voir avec les yeux
de l'Amour

C'est voir en totalité, sans être obligé
d'enlever les pétales de la fleur une à
une pour l'examiner complètement.

> C'est voir en profondeur, dépasser
> notre notion du mal, de l'erreur;
> dépasser les apparences - voir le
> germe de l'Amour en l'autre.

C'est voir à travers toutes nos relations
avec les autres l'échange d'énergies
qui se fait et qui rend possible de vivre
la fraternité.

> C'est voir avec intensité l'essentiel
> invisible aux yeux de chair et voir
> l'infinie possibilité de devenir.

C'est voir l'étincelle de Vie dans tout
ce qui existe; c'est voir une vérité qui
contient tout au lieu d'une vérité qui
exclut tout.

> C'est voir assez grand pour pouvoir
> contenir l'ombre et la lumière,
> pour pouvoir contenir les contraintes
> de la solution.

C'est voir sans chercher à comprendre,
c'est glisser dans la chose, l'événement,
le regard.....

Avec l'Amour,
tel un soleil,
je rayonne la réalité

De la chrysalide
au papillon

Que ce soit par une grande accumulation de connaissances, de lois ou d'interdits, que ce soit pour un but d'acquisition ou de domination où la vitesse est critère d'efficacité et la peur est irritation mentale sans relâche, de nos jours, toute la société est orientée pour faire progresser l'être humain en dehors et par le dehors.

On se sent devenir fort mais ce n'est qu'apparence ou pour un temps bien éphémère; bien vite on sera épuisé de cette course folle vers toujours une autre distance à parcourir. Résultat: déséquilibre, lutte, confusion, dépression, stress, angoisse, tristesse...

Que ce sera différent et facile quand on aura compris que **notre vraie vie se vit du dedans...** que c'est là que se prépare la cause pour avoir les effets voulus, que notre Soi intérieur contient les germes de toutes nos possibilités.

A quoi sert à la chrysalide de posséder la terre, elle qui ne peut même pas ramper, se déplacer et voir? Son but n'est-il pas plutôt de faire grandir son papillon intérieur et de le délivrer pour ensuite pouvoir parcourir la terre entière?

L'Amour
est libre...

..... et nous amène à être libre.

Ce sont les systèmes établis par l'être humain qui retiennent l'humanité captive. Dès que nous aurons saisi le véritable explosif spirituel qu'il y a dans le mot Amour, et dès que nous dirons OUI à l'Amour, tous les barreaux et les chaînes, tous les esclavages tomberont.

Aucun maître, aucun groupe, aucune technique ne peuvent te rendre libre; car la liberté est comme récompense pour celui qui a vécu et vaincu la contrainte, la lutte de l'obscurité vers la lumière, de l'ignorance vers la connaissance. C'est comme si, pour être libre de la liberté du musicien qui improvise sur l'instrument, tu dois d'abord exercer tes doigts et apprendre l'art de la musique. C'est comme si, pour vivre la liberté de l'Amour, tu dois d'abord avoir des comportements amoureux.

Comme tu vois, la porte de sortie pour atteindre cette liberté n'est pas à l'extérieur de toi, elle n'est pas en haut au ciel ou dans l'extase, ni en bas dans le repos de la mort. La porte de sortie est en plein **dedans de toi**. Tu dois passer par ton «vrai Soi» et réaliser que c'est lui qui éclaire tout, qui peut tout et qui t'amène à devenir libre un peu plus à chaque jour.

Dans tes comportements, ne marchande pas, ne trafique pas avec l'Amour. Fais des actions gratuites. Ainsi tu débarqueras du système des causes / effets qui à chaque instant crée une civilisation qui enchaîne les êtres. On est loin ici de l'être humain qui se croit tout permis avec simplement une liberté de parole et d'action.

Bien plus, cette liberté fondée sur l'Amour libère de l'esprit de possession, de la compétition, de l'agressivité, du superflu, des peurs, des passions, des croyances ignorantes, de la dépen-

241

dance envers les institutions, l'argent, les systèmes...tu peux maintenant vivre avec enthousiasme et sans contrainte, tu peux participer et improviser à volonté tout en respectant les autres.

A tous les points de vue l'Amour te pousse, t'attire et t'aide à te transformer en te guidant et te soutenant à travers toutes sortes de défis, pour t'amener toujours davantage vers plus de lumière, de pouvoir, donc vers plus de liberté. Et bien qu'Il te demande tantôt de gouverner ou tantôt de te subordonner, les deux donnent égale joie et plus rien n'est incompatible avec son libre mouvement vers l'infini.

> Louer, chanter la liberté n'est pas suffisant, il faut pardonner et surtout oublier l'esclavage, il faut briser tous les ponts, toutes les amarres avec nos vieux comportements égoïstes et aimer ... aimer ... aimer sans condition, sans intérêt, sans aucune limite comme si nous recommencions à vivre une nouvelle vie.

Alors la liberté devient délivrance.

Les résistances
à l'Amour

Quand nous faisons tout avec tension, hâte, peur, anxiété, avidité, nous devenons tout crispés et toutes nos cellules se durcissent. Comment veux-tu que l'énergie puisse circuler?

Quand nous allons d'une sensation à l'autre, d'une émotion à l'autre, d'un désir à l'autre, d'une pensée à l'autre, nous sommes bientôt prisonniers d'un enchevêtrement très serré de vibrations diverses. Comment veux-tu que l'énergie puisse circuler?

Bien que l'Amour nous donne de nouvelles forces, de nouveaux pouvoirs, une nouvelle perception, nous sommes peu habitués à son fonctionnement. La plupart du temps, nous comptons encore sur notre mental, nos sécurités apparentes, nos anciennes habitudes. Les doutes et les inquiétudes reviennent souvent, ce qui provoque d'autres résistances, d'autres blocages. Comment veux-tu que l'énergie puisse circuler?

Il ne faut surtout pas désespérer; mais, dans le calme et le silence, s'accrocher encore plus fort à notre intuition, à notre besoin d'infini qui crie en nous et à une foi inébranlable en la puissance de l'Amour. C'est le temps plus que tout autre de garder notre attention fixée sur le but à atteindre, c'est-à-dire **l'éveil à notre «vrai Soi» ou vivre de la Puissance divine en nous**.

Arriver à réaliser des changements de comportements au niveau de nos corps physique et psychique demande un certain temps d'adaptation. Il faut donc continuer. Essayons de laisser l'Amour pénétrer dans chaque recoin de notre corps, dans chacun de nos mouvements. D'innombrables expériences répétées sont nécessaires avant de s'habituer à vivre dans la pure lumière.

Et puis peu à peu la vive allégresse de l'enthousiasme

nous indique que nous sommes sur la bonne voie, une série d'observations nous prouvent que nous naissons à une nouvelle conscience. Nous vivons alors de plus en plus dans la sérénité et dans l'harmonie.

Pour que l'Amour circule librement, abondamment...

Tout est vibration en continuel mouvement, en continuel changement. Qu'est-ce que je fais, moi, à travers tout ça, refusant de suivre le mouvement, refusant **d'accueillir et de transmettre l'Amour?** Qu'est-ce que je fais, bien installé dans mon château fort avec mes murs de sécurité monétaire, d'indifférence envers ce qui n'est pas pareil à moi, d'intolérance envers les autres, mes murs de doutes, de peurs et de timidité avant d'avoir essayé, mes murs de non-acceptation de moi-même, de non-confiance en moi-même.....

Pendant qu'il y a tant et tant à faire, à essayer, à voir, à découvrir, à guérir, nous nous contentons de si peu, tout simplement parce qu'on s'est enfermé à l'intérieur ou à l'extérieur de nos milliers de murs de soi-disant autoprotection. Et on se prive, on s'empêche de progresser. Pourtant l'Amour est plus fort que les murs, et d'une façon douce et ferme à la fois, Il peut les faire tomber sans anéantir l'être fragile qui se trouve derrière.

Ayons des comportements d'ouverture et d'échange envers la Vie, et celle-ci et ses énergies combleront à l'infini les réels besoins de notre évolution présente. Ne pas émettre des vibrations de haine ou rester **neutre ce n'est pas suffisant, il faut répandre des vibrations d'Amour**. N'entends-tu pas les cris «au secours», «à l'aide» qui viennent de ton corps et de l'humanité?

> Jardinier, tu fais le plus beau des métiers, celui de semer des graines qui prennent sur le terreau et poussent toutes seules; que dirais-tu de nous apprendre à semer, à répandre l'Amour par-ci, par-là et partout, et que dirais-tu si nous devenions tous jardiniers comme toi?

Paroles d'enfants,
paroles d'adultes

– Pourquoi vous battez-vous les adultes? –
– nous haïssons ce que vous faites –
– la pollution ça pue et ça nous rend malades –
– la violence nous fait peur –
– pourquoi tolérez-vous le nucléaire ? –
– et vous êtes ennuyants et tristes, vous parlez toujours
    d'affaires –
– .....
– ...
– nous les jeunes on veut juste des maisons rouges, jaunes,
    bleues ou vertes avec des fleurs, des fruits, des légumes et
    pouvoir apprendre seulement en jouant –
– on veut entendre les oiseaux et les grenouilles –
– on veut être aimé et on veut vous aimer –
– on veut avoir des amis partout –
– on veut que nos rêves, notre travail servent à bâtir un monde
    de paix, d'abondance et de beauté.

> Nous, adultes - nous sommes puissants, partout nous
> éventrons la terre, nous saccageons ses forêts, nous
> épuisons son sol, nous polluons ses eaux et son
> atmosphère, - nous sommes puissants, partout sur la
> terre nous mettons du béton, des tours, des frontières,
> des prisons, des écoles de compétition et de terro-
> risme, - nous sommes puissants, partout nous avons
> des tas d'argent et des tas de dettes, - nous sommes
> tellement puissants que nous n'arrêtons pas de cons-
> truire des industries de guerre seulement pour nous
> défendre, - nous sommes si puissants que tout le
> monde se méfie et nous sommes à la recherche de
> nouveaux amis et de nouvelles conquêtes sur la lune,
> vénus ou mars...

– Ça suffit, à quoi sert d'en dire davantage, chers adultes, le
temps de se défendre et d'être puissant est révolu... révolu...
révolu...

Nous sommes rendus au temps de connaître et d'entrer consciemment en relation avec notre «vrai Soi» la partie de nous la plus belle et qui va nous aider à tout rendre facile. Nous sommes rendus au temps de vouloir vivre la douceur d'être et la chaleur de l'amitié.

Aurions-nous évolué dans la lutte et la souffrance jusqu'à ce jour pour nous procurer le plaisir de nous détruire ou la joie de tous se libérer et être heureux? Bien sûr que la réponse est simple, mais encore faut-il avoir le courage et la volonté d'accepter de désapprendre, et de réapprendre à avoir un comportement amoureux afin que l'Energie puisse circuler et agir librement et abondamment pour nous aider.

Enfants,
adultes,
ensemble,
apprenons à vivre amoureusement.

Comment générer l'Amour?

Il se génère par Lui-même, mais pour se manifester il semble qu'Il ait besoin, ou plutôt qu'Il ait choisi, de passer par nous, de passer par notre être. C'est comme si cette Energie attendait respectueusement le consentement, la participation de chacun ou plus exactement la **non-résistance** de chacun.

Plus on l'accueille et on le retransmet, plus il se manifeste...

Plus on crée de nouvelles pensées d'Amour, plus on en parle, plus on le chante, plus on y aspire, plus on communique avec les autres, plus il se manifeste...

Plus on fait des gestes concrets, plus on réalise des actions, plus on le fait circuler dans des expériences différentes et multiples et même dans les plus petits détails, plus il se manifeste.....

Plus on appuie, encourage, apporte soutien à toute personne ou groupe qui vivent écologiquement, harmonieusement, donc amoureusement, au lieu de les ignorer ou de les tourner en ridicule, plus l'Amour se répand sur la planète, plus il y a d'Energie lumineuse et agissante partout.....

Plus on arrête de mettre des obstacles, des doutes et des réticences, plus on apprend au sujet des énergies et de leurs fonctionnements, plus on s'abandonne à l'Amour, plus Il se manifeste.....

Plus on détache toutes les ficelles qui nous accrochent au matériel ou à l'émotionnel, plus on laisse ce courant d'Energie nous soulever, nous entraîner, plus on en est nourri.

C'est à travers nos gestes, nos événements quotidiens, c'est en vivant correctement, en reconnaissant la présence de l'Amour partout, en se laissant submerger, baigner dans cette Présence que nous rendons cette Présence active.

Tout simplement c'est qu'il faut incarner l'Amour dans nos vies, dans celles des autres.

L'initiation
à l'Amour

Des centaines et des centaines de cours sont donnés dans tous les domaines imaginables, et on n'a pas encore ressenti le besoin d'apprendre à aimer, d'apprendre l'essentiel; l'utopie est bien plus là que dans le fait de réclamer d'en savoir davantage sur l'Amour.

Bien sûr, aucune école, aucun maître ne peut le transmettre. Mais savoir qu'une étincelle d'Amour est le fondement de chacun de nous, et aussi le lien qui nous unit tous, nous amènerait sûrement à donner un sens différent à notre vie et une orientation à tous nos gestes. Savoir que le pouvoir, la connaissance et la joie de l'Amour contiennent tous les pouvoirs, les connaissances et les joies possibles pourrait nous donner la motivation nécessaire à vouloir vivre davantage d'Amour. Et, comme on peut difficilement vivre de ce que l'on ne connaît pas, il est important d'apprendre je dirais «à s'apprivoiser» à cette Energie.

Pour la plupart, nous en savons très peu sur ce qu'est l'Amour et son fonctionnement. Le développement de la vie économique et sociale a toujours été le premier souci de toutes les sociétés depuis le début des temps. D'un autre côté, par soif de domination ou pour d'autres raisons, peu importe, l'enseignement sur l'Amour est souvent devenu confus, puis faussé.

Bref, nous avons été formés par la famille, avons subi l'influence des médias et, n'ayant pas réellement saisi le message fondamental de nos religions, nous avons accepté les coutumes plutôt restrictives de notre culture. Mais qu'en est-il de notre propre perception de l'Amour et de notre façon individuelle de le vivre?

Il est grand temps aussi que l'on s'oblige à en connaître davantage sur la constitution, les besoins et les comportements de nos corps physique, psychique et spirituel, sur notre potentiel et notre dignité humaine, sur le mouvement de la Vie en continuelle transformation, continuelle interrelation.

Il est grand temps que l'on s'oblige à connaître la **science de l'être et de l'Amour** pour pouvoir saisir plus vite et mieux ce que l'on apprend à l'Université de la Vie quotidienne. Tu as bien lu, c'est à travers la vie quotidienne, c'est à travers cette seule et même coulée que l'on trouve la diversité infinie comme terrain d'apprentissage pour faire reculer petit à petit l'obscurité et l'ignorance, pour avancer avec une conscience toujours de plus en plus élargie et éveillée. Mais encore faut-il un guide, un soutien quelquefois ! Faudrait-il peut-être inventer cette ressource de sagesse et de référence?

L'Amour:
la plus puissante des forces

L'Amour est une réelle force, et ce n'est pas parce qu'on ne peut pas la comprendre ou la capter, qu'il faille l'ignorer et ne pas l'utiliser.

Observe.....

Tantôt, Il est une force qui donne le courage de passer à travers une difficulté ou de continuer. Tantôt, Il est une force d'action ou une force de transformation ou une force libératrice. Il est aussi la force de pardon, de réconciliation; Il est celle qui nous unit tous, tout en nous laissant vivre notre diversité.

Et que dire de la force de guérison! de la puissance des vibrations amoureuses qui peuvent nous protéger d'une façon non-violente! ou nous mettre sur la même longueur d'onde que nos besoins ou nous guider, nous inspirer ! C'est une force qui peut tout harmoniser, c'est une force créatrice. C'est une force qui permet la communication spontanée. C'est aussi une force qui purifie et apporte la sérénité.

Ces vibrations pures laissent voir la beauté, laissent saisir ce qui est vrai; elles génèrent la joie qu'elles peuvent faire durer éternellement. Cette force peut nous transporter à l'infini dans l'espace et le temps et peut transcender toutes les dualités. Cette force énergétique, tel un beau grand soleil, entretient la vie partout et rend heureux.

Que faut-il de plus pour te convaincre?

La force n'est pas seulement dans les muscles ou l'intelligence, mais surtout elle n'est pas dans la ruse ou le retrait ou le rempart, elle n'est pas dans le bureau du politicien ou dans les armes sophistiquées, elle n'est pas dans la violence. Le plus grand levier de

la vie, **le vrai pouvoir est dans l'Amour, cette vibration pure, la plus élevée, la plus subtile, la plus
puissante**.

Amour – Energie

Toutes les énergies partent de la même Source, quel que soit le nom qu'on leur donne: énergie créatrice, solaire, sexuelle, vitale, spirituelle, énergie guérissante, intelligente, atomique, électrique, mécanique, énergie cosmique fondamentale, le yin/yang... tout comme l'eau, l'air, le feu, la nourriture, la matière peuvent se transformer en énergie. Tout autour de nous participe de cette même Energie sous des formes différentes. Mais chacune de ces formes d'énergie semble limitée, définie à son rôle particulier; il semblerait qu'une simple énergie ne soit pas complète.

L'Amour serait la grande Energie qui les contient et les transcende toutes. On ne peut l'expliquer davantage; tous les langages échoueront à saisir et à bien interpréter l'essence de la totalité et de l'infini; mais en même temps des milliers et des milliers de manifestations nous prouvent son existence.

Le cosmos entier et chaque être humain vivent d'énergies. La vie n'est qu'énergie libérée. C'est toujours ce Courant unique qui passe en nous et en toutes choses et qui, suivant le niveau auquel il opère, se revêtirait d'une substance ou d'une autre, se revêtirait d'une lumière plus ou moins intense ou de vibrations plus ou moins lourdes ou plus ou moins rapides.

Selon leur éveil de conscience, les êtres humains ont des attitudes différentes et font des utilisations différentes des énergies. Tantôt ils deviennent des dieux ou des démons, tantôt ils y rencontrent la force de création ou celle de destruction, tantôt la lumière ou l'obscurité, la compassion ou la haine... Partout l'énergie n'attend qu'à être canalisée, dirigée, qu'à être imaginée pour se concrétiser, mais nous nous heurtons constamment à notre ignorance et à notre réticence.

L'Amour est l'Energie de l'Harmonie parfaite qui seule peut nous amener à l'Harmonie parfaite. Cependant,
– pour nous ouvrir à la vraie connaissance, à la vraie beauté, l'Amour est impitoyable. Il ne tolère aucun mensonge, aucun compromis.
– pour nous faire participer de sa joie, Il ne tolère aucune apathie, aucune distinction, aucune restriction.
– pour nous libérer, Il ne tolère aucun égoïsme.
– pour nous faire profiter de ses pouvoirs, Il ne tolère aucun doute, aucune peur, aucune résistance.

Tu as remarqué que toutes ces intolérances et ces nouveaux acquis affectent nos plans de vie physique, psychique et spirituel. Comme nous avons à apprendre au sujet des énergies et de leurs fonctionnements à travers nos corps, et comment elles sont captées, emmagasinées, transformées et libérées sous forme de pensées, de langage, de mouvements, d'activités créatrices, sous forme de sensations ou d'émotions, sous forme de connaissance, de beauté, de joie, de sérénité...!

Comme nous avons aussi à nous éveiller pour profiter de plus d'énergies, pour permettre à l'Amour, cette énergie plus subtile mais plus puissante, de nous alimenter sans nous consumer !

Et comme nous avons à vivre davantage et davantage d'Amour puisque seul l'Amour est capable de former un corps à son besoin! puisque seul l'Amour peut faire saisir ce qu'est l'Amour! puisque l'Amour est la voie du Pouvoir!

Où cela nous conduira-t-il? – A un être nouveau et harmonieux et qui continuera d'une façon nouvelle sa belle aventure sur une planète qui sera à la fois la même et à la fois nouvelle parce qu'elle aussi aura subi la transformation.

Expériences
d'Amour

Tu peux te laisser porter par toutes les poésies d'Amour, avoir de profondes discussions, méditations ou même étudier sur le sujet, mais si tu en restes là, tu seras très peu rassasié. Il n'est pas suffisant de savoir; pour connaître l'Amour, Ses manifestations et Ses joies, il faut Le **vivre**.

Fais-toi guider s'il le faut, transcende par la musique ou quelque psychothérapie ou même à l'extrême avec une petite potion magique, sois à l'écoute de ton intuition, ouvre tout simplement ton être à l'inlassable abondance de toute la création, ou traverse la terre pour voir sa beauté et sa misère....mais tu dois arriver à être en contact avec le feu de l'Amour en toi, tu dois arriver à faire circuler l'Amour en toi. Ne te fie à rien de ce qui est dit. Observe et expérimente toi-même, mais souviens-toi...

> ---Que ce soit une expérience petite ou importante, ne te prends pas trop au sérieux, sois souple, cherche dans la joie, prends même l'habitude de rire de tes erreurs plutôt que de t'en offenser, car tout est utile pour progresser. Ce n'est pas la grandeur ou la perfection de l'expérience qui compte, c'est l'intensité d'attention que nous avons à l'Amour.

> ---Que ce soit une expérience joyeuse ou douloureuse, il faut se mouvoir, passer à travers les yeux bien grands ouverts, l'imprégner d'Amour jusqu'à ce qu'une étincelle de lumière apparaisse.

> ---Que ce soit une expérience qui te semble humiliante ou trop simpliste pour toi...essaie quand même; les effets sont toujours surprenants quand on accepte de faire partie de l'expérience.

> ---Quels que soient la nature, la puissance et le mer-

veilleux d'une expérience, jouis-en, profite de celle-ci
mais ne t'y ancre pas comme au havre définitif, car ce
n'est que le commencement de milliers et de milliers
d'autres que tu pourras réaliser et qui seront toujours
de plus en plus exceptionnelles et merveilleuses... car
l'Absolu est encore bien loin de nous.

L'Amour
au-delà des mots

Dieu dit: «Que la lumière soit» et la lumière fut. Cette allégorie veut-elle nous faire remarquer que toute la création pourrait venir de la puissance de la Parole? De toute évidence celle-ci est plus qu'un instrument de communication car ses vibrations ont des résonances qui pourraient avoir des pouvoirs beaucoup plus grands qu'on ne le croit présentement, d'où l'importance d'avoir un discours sage, correct.

> «Amour» mot plein de beauté, de tendresse, plein de réalité, mot vrai, mot puissant et pourtant si galvaudé, si mal compris.

Lorsque tu te sens triste, lorsque tu te sens dans l'obscurité, comme si tu étais tombé au fond d'un abîme dis: AMOUR, PAIX, dis-le avec conviction, avec intensité, transcende ces mots. Une grande paix va s'établir en toi - une solution va se présenter à toi.

> D'un autre côté, ce qui est de l'Amour – en moi – en toi – il n'est point de mot pour le dire. Etant unique et vivant dans un espace-temps différent, chaque être humain saisit donc différemment cette réalité, qui même brûlante d'actualité, ne peut se définir que par ses effets, que par le vécu de chacun.

> Si on te transporte sur une montagne tu verras un paysage mais tu ne pourras pas apprendre de la montagne les mêmes choses que moi, l'apprécier et voir le même paysage que moi qui ai gravi cette montagne; car c'est la démarche qui compte. C'est le vent de ses crêtes, ses précipices, ses ronces, ses fleurs, l'odeur et le chant de son bois, c'est le goût de réussir l'ascension, puis c'est la vaste étendue, le silence; c'est ma participation, c'est moi, la montagne, le paysage.

Tous les mots de ce livre au sujet de l'Amour contiennent ma montagne, mon ascension, mon paysage; c'est à toi de découvrir à travers et au-delà de ces mots **ta** montagne, d'y faire **ton** ascension et d'y voir **ton** paysage.

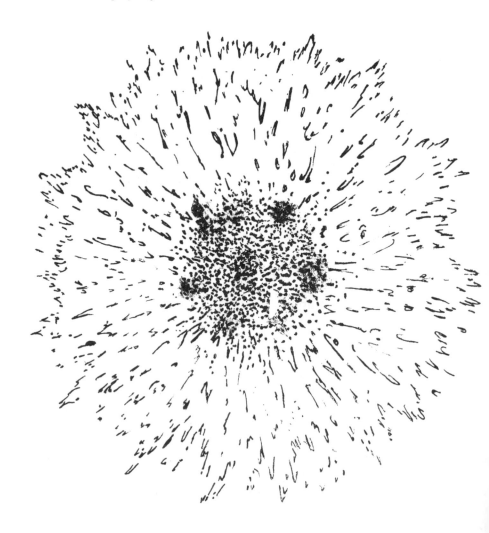

JEUX

Ce quotidien qui m'a si souvent anéanti
a fini de jouir de moi.
Je décide qu'il devient tout d'un coup
mon lieu privilégié
pour étancher, rassasier ma soif d'être.

Dans chaque seconde d'éternité
je veux entendre la nouvelle musique,
je veux détruire l'habitude, la certitude,
saisir de tout mon être
la vision totale d'une goutte de la mer,
la fuyance du vert de tes yeux.

Finies les amours fractionnées, les demi-joies,
les quarts d'expérience.
Je vise l'infini
que je remplis de milliers de petits finis;
je décide que rien ne m'empêche d'accepter pleinement
tout ce qui se présente;
je décide de laisser l'Amour
charger chacun de mes gestes
pour leur donner un sens
afin de pouvoir me construire avec mes propres gestes.

Un regard nouveau bascule mes riens,
nettoie une petite clairière,
Courent, dansent, pleurent mes désirs,
c'est la vie maintenant qui vient à moi.

Le mouvement se dit, la terre s'illumine,
le rire se moque et mon être respire
d'un même souffle le vent et la brise.
Je décide que les jeux d'ombre et de lumière fugaces
ont la résistance que je leur donne.

Et du lever au coucher
le soleil prête la même importance
à mes jeux d'apprenti;
ainsi peu à peu tout peut être désastre ou poème.
L'obstacle sourit, le vide prend feu,
la futilité s'embellit, la petite feuille répond,
tout bouge d'une nouvelle façon.
Tout vibre, tout est là,
le quotidien vivant d'Amour, l'éternité présente

et je suis là

au milieu de mes jeux.

AMOUREUSE SIMPLICITE

Amoureuse simplicité
qui dote les êtres de transparence,
d'une réelle disponibilité,
fais partie de mon existence.
Toi qui as un goût de luminosité et de candeur,
qui sais vivre l'orage tout autant que l'arc-en-ciel,
quelle légèreté, quelle grandeur,
pour me combler de l'essentiel!

      Belle simplicité
      deviens ma complice
      sur ma route d'éternité.
      Ce sera plus facile
      de m'abandonner de tout coeur
      pour jouer en harmonie
      avec les ficelles, les pirouettes, les fleurs,
      pour jouer l'aventure de la vie.

Merveilleuse simplicité
avec toi je suis soleil, fantaisie.
Scintillante de beauté
sans jamais éblouir de magie,
même chargée d'énergies de toutes les couleurs,
tu triomphes de la confusion.
Délices de joie, éclat de bonheur,
vouloir devenir ton ami, quelle ambition !

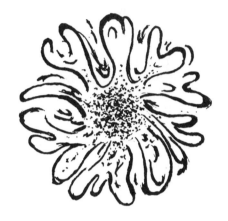

L'AMOUR
ET LE COSMOS

Le cosmos n'est rien d'autre
qu'une immense manifestation de l'Amour.
Je suis, tu es, nous sommes
tous rattachés au même arbre de la vie;
à tous de faire en sorte
que la sève soit forte et bonne.

Je t'aide, tu m'aides,
s'entremêlent les fleurs;
tu fêtes, je fête,
soutiens-moi pour que tu ne meures.
L'illusion de la séparation d'avec les autres
nous conduit devant le plus colossal péril de destruction.
Les feuilles ont besoin de l'arbre,
les étoiles de la nuit;
il y a plus d'une couleur dans le marbre
et cent mille gouttes d'eau dans la pluie.
Par les pierres et les plantes,
l'eau, l'air et le feu,
par les bêtes et le vent,
l'Amour parle aux êtres
et nous amène vers le vrai contentement.

Je suis, tu es, nous sommes
tous rattachés au même arbre de la vie;
à tous de faire en sorte
que la sève soit forte et bonne
afin d'accélérer la floraison
et jouir ensemble de sa beauté
et de son abondance.

QU'ATTENDONS-NOUS.....

Toi qui es blessé, accablé,
découragé, rejeté, angoissé,
j'ai besoin de toi pour m'aider à briser
les barreaux de ta prison de désespoir.
Tu me rappelles que j'aurais pu être toi,
grain de blé enfoui dans le pressoir;
tu es incompris, mais précieux, tu es toi.
Tu m'attends.....je le sais.

Parce que j'ai peur de ta main tendue
qui m'appelle vers l'inconnu;
parce que j'ai peur du vide qui est en moi,
fossé qui me sépare de toi;
parce que j'ai peur que comme du sable mouvant
tes problèmes m'engloutissent
ou peut-être qu'un lien se tisse,
j'attends.....tu le sais.

Pourtant si on le VEUT l'Amour peut faire fondre
ces raisons ou les faire éclater
devant nos visages retrouvés.
Nos coeurs où dorment des semences d'infini
veulent échanger la croûte et la mie;
depuis le matin que la rosée a le désir
de faire briller tous les cailloux
pour fêter ce qui est à venir,

qu'attendons-nous.....

PETITE FLAMME

Comment peux-tu parler d'Amour
quand tu n'as à manger que des pissenlits,
que la rancune remplit ton lit,
que tu ne comprends pas l'absurdité
d'une certaine moralité?

On dit que la douleur fait grandir,
qu'elle fait fleurir et mûrir;
le savoir ne me suffit pas.
J'ai le goût de crier...de changer...
de partir...mais où diriger mes pas?

Si lourde est ma carapace d'agressivité,
aveuglé à la fois de noirceur et de beauté,
comment monter au-dessus des nuages,
nu, sans bagage.
à l'abri des mirages?
Comment rejoindre l'immensité
où je rirais de mes banalités?

Petite flamme intérieure, ma seule bouée de sauvetage,
amène-moi loin du rivage
prendre l'élan d'un nouveau défi.
Je veux aimer ta folie.
Glissant sur la vie,
toi et moi gonflés à craquer d'Amour,
nous jouerons à chaque jour
avec les vents et marées
refusant la lâcheté
d'abandonner.

Petite flamme intérieure, enlève le maquillage
et tous les masques et les façades.
Remplis-moi d'énergie
pour me faire vivre une vraie vie,

pour que je mange,
que je boive,
que je danse,
que je dise,
ta joie.
Fais-moi rencontrer
la flamme de tous les autres humains
que je ne sois plus seul avec mes mains
à essayer de survivre.

OFFRANDE

Amour, Réalité de Tout,
à toi
mon être entier, toutes mes cellules,
toutes mes pensées, toutes mes émotions, toute ma conscience;
transforme-moi.
Ma plus grande aspiration
c'est de devenir de plus en plus amoureux
pour participer de toi;
c'est d'être beau, simple et pur
pour collaborer avec toi,
pour vivre ta paix et ta joie.

A toi
tous mes gestes, tous mes efforts,
toutes mes luttes de ce jour,
imprègne-les de ton harmonie
pour qu'il en ressorte
ce qu'il y a de mieux
pour moi et tous les autres.
A toi surtout mon ignorance
pour que je puisse enfin avancer dans la lumière.

A toi
le désert, à toi les armes,
fais-en ce que tu veux.
A toi
la violence, à toi la douleur,
fais-en ce que tu veux.
A toi
les peurs, les inquiétudes, lea angoisses, les doutes,
fais-en ce que tu veux
pour qu'on devienne
tous libres.

LE MONDE
A L'ENVERS

Sur la tête une casserole,
des mitaines dans les pieds,
danse dans le sentier,
les yeux liés de banderoles.
Je veux être aimé avant d'aimer,
je veux posséder avant de partager;
tout est mouvant et incertain.
A quoi servent mes mains? -
puisque les choses se font et se défont
et s'entremêlent mille chansons.
Trop pressé pour cueillir l'Amour
je fais un détour.
Ça bouge dans l'univers des apparences;
je veux retourner à l'endroit,
trouver la stabilité et la joie,
ressentir la différence.

Je repars à nouveau
avec sur la tête un autre chapeau,
avec trois sacs de médailles
pour récolter des semailles.
Quelques essais et quelques culbutes,
le piano sonne la flûte.
Cours après le vent
pour attraper le temps,
en passant ramasse un plaisir,
faut surtout pas mourir.
Epuisé de cette course folle sans fin
il faut que je trouve le chemin
pour retourner à l'endroit,
pour que l'Amour m'enivre de moissons,
de je ne sais quelle saison
et que je danse sur des fils de joie.

J'ai essayé des centaines de chapeaux,

de recettes et de dessins;
je voulais tout avoir et tout savoir
pour être présentable à l'Amour.
Mais voilà, ma vie est presque terminée.
Je n'ai plus grand temps devant moi
et pourtant j'ai autant de problèmes, d'insatisfaction et de
tristesse.

Aurais-je vécu à l'envers du courant?
Sans le savoir aurais-je résisté à l'Amour,
à ce que je tenais le plus?
Peut-être bien !
Mais j'ai encore quelques minutes
et si j'essayais simplement «d'être amoureux»
sans chapeau, ni fanfaronnade,
doucement me laisser porter par le courant.

Peut-être aurais-je encore le temps
de retourner à l'endroit.

PERDRE DU TEMPS POUR AIMER ...
OU PRENDRE LE TEMPS D'AIMER...

Prendre le temps ...
d'être à l'observation du rythme de la vie
qui bouge en toi, qui bouge en l'autre
et ta routine prend un sens et devient poésie.

Prendre le temps ...
de regarder. Il y a tant de fleurs,
il y a la douleur, il y a la tendresse
et il y a toi à découvrir en profondeur.

Prendre le temps ...
d'écouter les chants des silences profonds
chargés d'interrogations, de réponses,
chargés de mystère, de grandeur et de vision.

Prendre le temps ...
de faire avec tes gestes de chaque jour
une oeuvre d'art
simplement en laissant circuler l'Amour.

Prendre le temps ...
de vivre l'émerveillement;
d'essayer de saisir
la douceur de l'Amour enivrant plus fort que le vent.

Ne perds pas ce temps...
ne perds pas ce temps dans la rancune avec la vie,
ne perds pas ce temps précieux à regretter.
Il faut souvent
recommencer pour dessiner la beauté
et saisir la liberté.

L'INDIFFÉRENCE

Tes yeux me devinent à peine,
mes mains ne te rejoignent pas toujours,
nous faisions juste commencer
à nous apprivoiser et nous pensions à un bonheur éternel,
pourtant...

Tu ne vois déjà plus mes joues mouillées de larmes,
je ne partage plus tes éclats de rire.
Que de fois l'habitude veut nous habiter.
Devenons-nous des choses
parmi tant d'autres choses
puisqu'on se voit juste
quand on a besoin de «nous»?

Las, agonisant d'indifférence,
l'Amour arrive tout juste à conserver allumées
quelques étincelles par-ci par-là.
Aurons-nous vécu sur cette planète
sans tenter de voir le soleil?

Par indifférence à l'Amour,
nous tolérons tellement de gestes négatifs.
Nous gaspillons tant de temps;
nous nous privons de tant de possibilités.
Nous choisissons de subir la vie
plutôt que de vivre sa vie.
- Moi, le berger, -
suis-je rendu à faire partie du troupeau?

Nous préférons la paix déguisée d'une conscience endormie
à la véritable paix universelle;
l'indifférence est bien plus facile à vivre
qu'un changement de comportement.
Aurons-nous vécu sur cette planète
sans rire du ridicule de notre misère

pour nous forcer à voir sa face cachée?

L'indifférence à toute oeuvre de création
ou l'indifférence aux étoiles,
aux oiseaux, à la mer,
aux arbres, au vent, au soleil,
fait manquer le mouvement,
fait manquer partout la beauté.

Et que dire de l'indifférence individuelle et collective !
Laissera-t-elle hypothéquer notre belle planète,
pour des milliers d'années à venir,
par seulement quelques petits détraqués
aveugles et orgueilleux
de profits piteux dans l'espace-temps?
Notre indifférence au sens de la vie
préfère-t-elle laisser le terrorisme nous réveiller?

L'indifférence à l'Amour
empêchera-t-elle la plus grande force de l'univers
de nous aider à créer notre liberté
pour enfin tous être heureux?
Aurons-nous vécu sur cette planète
sans oser,
sans tenter de nous laisser combler par l'Amour?

FOLIE

Devant cette humanité souffrante dans sa gestation
et le mystère plein de la vie,
n'attends pas de tout comprendre,
à travers tous ces brouillards,
pendant l'éveil de la conscience,
n'attends pas de tout voir
avant de te décider à vivre d'Amour.
Car peu importe les contradictions illusoires,
l'univers serait la liberté et la joie
d'un Dieu amoureux.
C'est pourquoi
sans question sans réponse
cherche à aimer.

Amour douce folie,

qui transforme et régénère
l'être, la terre et la mer,
enlasse notre planète d'une immense caresse
dans un élan de tendresse
pour ramener à toi tous nos efforts
sans rien annuler de ce que tu as créé.

Amour douce folie,

prête-moi ton regard de vérité
pour avancer au rythme harmonieux
des ébats et du cheminement de la terre.
Tue sa peine - pour qu'elle voie la lumière
et entende ton divin joueur de flûte
nous dire de quelle façon agir.

Amour douce folie,

dont les coupes sont remplies

d'abondance à l'infini
tu n'attends que notre consentement,
que notre immense désir de liberté
pour nous faire reposer dans ta paix
au milieu même des besoins de ce jeu cosmique.

Amour douce folie,

donne-moi le goût de toi.

MON AIMÉ...
MON AMI

Tu es beau dans l'originalité de ta simplicité,
tu es beau dans tes possibilités comme dans ta réalité.
Tantôt fort comme l'arbre, tantôt rêve d'enfant,
nos fragilités deviennent nos défis
pour arriver à vivre la même humanité;
alors nos liens seront solides,
alors nos liens seront impérissables.

　　　　Ta liberté me fait mal et me fait grandir,
　　　　nos deux égos devront lutter longtemps encore
　　　　avant de voir la transparence de nos êtres.
　　　　Pour ceux qu'on aime on a toujours le désir
　　　　de les voir beaux, vrais,
　　　　pardonne-moi mes exigences.

Je t'aime assez pour te dire oui,
je t'aime assez pour te dire non.
Passant sans cesse du fini à l'infini,
nous nous apportons, à chaque jour, une nouvelle vision
qui exige de toi et de moi tolérance toujours
et surtout ressourcement de notre éternel amour.

　　　　Il faut un lien, mais aussi un vide entre nos vies,
　　　　pour que dansent librement les énergies;
　　　　alors seulement nous sera-t-il permis
　　　　de nous aimer à la folie,
　　　　de connaître la douleur d'une trop grande tendresse
　　　　prisonnière de nos caresses.

Mais verrons-nous aussi que ce n'est pas suffisant
mon chéri, mon ami, mon aimé, mon amant,
que j'essaie de saisir par les mots;
ne me laisse point t'atteindre
car c'est la marche, la démarche
vers toi qui me fait devenir.

Avec des outils, des idées insaisissables
bâtissons-nous un jardin sans caveau
pour ne jamais faire de provisions
afin de nous obliger à toujours donner
la part de nous-mêmes
qui sera notre affranchissement et notre richesse.

Combien de lunes, mon ami, nous faudra-t-il encore
pour nous aimer juste pour la joie d'aimer,
pour garder notre feu allumé comme le brasier
sans nous faire dévorer par lui,
pour vivre des printemps vastes comme la terre,
pour être beaux comme la lumière de l'aurore,

pour être beaux comme l'Amour.

LA GRANDE DANSE
DE L'AMOUR

Tous ces courants d'énergie,
ces sons dans le cosmos,
cette lumière,
toutes ces vibrations,
ce parfum de l'air,
cet invisible vivant,
toute cette beauté,
toute cette réalité,
m'apparaissent comme une grande danse cosmique
autour de moi qui suis en continuel déplacement.

Pour entrer dans cette libre danse
et en suivre la cadence,
il ne te faut que l'improvisation de la spontanéité,
que l'innocence de la réceptivité
et te voilà dans le mouvement,
au centre de tous les croisements,
au centre de tous les échanges d'énergie,
et te voilà dans le changement infini.

Puis me vint le goût de danser.
Puis me vint le goût de mieux danser.
Puis me vint le goût de danser avec toi,
puis j'ai senti que la danse était liée à la vie, à mon adversaire,
aux obstacles, aux regards.
Puis j'ai aimé danser et
j'ai senti que mon corps devait être animé d'Amour pour bien
danser.

SANS L'AMOUR
JE NE SUIS RIEN

J'aurais beau avoir la Lune
Vénus et ses Déesses,
j'aurais beau parler toutes les langues,
les chiffres et les dessins,
j'aurais beau pouvoir
arrêter et cueillir le temps,
tout posséder et tout donner;
        mais le vent me dit que
        sans l'Amour je ne suis rien.

Même si je traversais la terre
dans ses multiples détours,
même si j'accompagnais l'oiseau
vers ses fuites infinies,
même si je croyais
à la venue de jours meilleurs
par la science ou la révolte;
        le vent me redit que
        sans l'Amour je ne vois rien.

Que les plus mystérieuses fleurs
me dévoilent leurs secrets,
que l'enfant dans ses nombreux gestes
me dise «je t'aime bien»,
que tout le cosmos
remplisse mes rêves d'illusions,
d'inspiration ou de savoir;
        le vent dit toujours que
        sans l'Amour je n'entends rien.

Pourtant je peux te dire l'avenir,
te jouer une sonate,
pourtant je connais tous les gangs,
regarde mes muscles et ma force.
Etre roi des clowns,

du soleil, du rire, de la fête !
Si tu le veux, je deviendrai.
          Le vent dit plus fort que
          sans l'Amour je ne suis rien.

OU VAS-TU ?

Où vas-tu? –
dans ta course autour de toi
sans prendre le temps de savoir
pourquoi avoir tout ça.

> Où vas-tu? –
> la vengeance plein le coeur
> abattre un autre toi-même
> te détruire avec lui.

Où vas-tu? –
avec ton masque blanchi
de diplomatie rusée
de tromperies illusoires.

> Où vas-tu? –
> avec ton panier rempli
> de tout ton gaspillage
> et de ton ignorance.

NE SAIS-TU PAS
QUE NOUS SOMMES TOUS DES HUMAINS
SUR UNE PLANÈTE
QUI VIT DE RÉSONANCES.
NOUS SOMMES TOUS LIÉS, ENTRECROISÉS,
NOUS SOMMES TOUS UTILES LES UNS LES AUTRES.

NE SAIS-TU PAS
QUE SI LES ÉNERGIES,
QUE SI L'AMOUR
DE TOI, DE MOI CIRCULENT,
L'ABONDANCE, LA PAIX SE RÉPANDRAIENT
ET CHACUN SERAIT COMBLÉ DE VIE.

Où vas-tu? –
avec tes trucs polluants
dévorant la nature
qui t'a toujours nourri.

        Où vas-tu? –
        avec tes tas de dollars
        plus d'amis, plus de pays
        pour fêter ton égo.

Où vas-tu? –
accusant toujours les autres
de tes essais, de tes choix
refusant d'accepter.

        Où vas-tu? –
        sans te tourner vers ton Centre
        qui fait saisir que nous sommes tous
        sur la terre pour apprendre.

NE SAIS-TU PAS
QUE NOUS SOMMES TOUS DES HUMAINS
SUR UNE PLANÈTE
....
....
.....

TU PEUX CHOISIR

Toi fils du Soleil, fille de la Lumière,
enfant de rêve et de réalité,
si tu le veux tu peux danser
avec les fées, avec les dieux,
si tu le veux tu peux créer
avec tes gestes, avec ton souffle.
Tu peux choisir de polluer,
tu peux choisir de tout fleurir,
tu peux choisir de pleurer,
tu peux choisir de chanter.

Pèlerin errant, désert et montagne,
mélangeant le ciel et la mer,
si tu veux tu peux tout avoir
en échangeant avec les autres,
si tu veux tu peux tout être
en libérant les énergies.
Tu peux choisir d'analyser
tu peux choisir de participer,
tu peux choisir l'angoisse,
tu peux choisir la joie.

Economiste, policier et savant,
politicien, médecin et pasteur,
si vous voulez continuer
très vite il vous faudra choisir
de désapprendre et réapprendre.
Arrêtez de traumatiser,
laissez vivre l'harmonie pour
sortir de notre ignorance.
On peut choisir de changer,
on peut choisir de périr.

Amis du Nord au Sud, de l'Est à l'Ouest,
tous liés par la Vie, par l'Amour,

si nous le voulons nous pouvons
nous exploiter et nous détruire,
terroriser et violenter
nos ennemis et nous-mêmes.
On peut choisir de brutaliser
on peut choisir de s'apprivoiser,
on peut choisir la guerre,
on peut choisir la paix.

Peuples de la plus belle planète
qui nous empêche de choisir l'Amour
qui donne liberté, abondance et paix?
Peuples de la plus belle planète
pour entrer dans une ère nouvelle
il faut accepter de changer nos habitudes.
On peut choisir de rester dans sa misère,
ou on peut choisir de devenir heureux;
il faut arrêter de s'illusionner,
on peut faire tout ce qu'on choisit de faire.

IMAGINE

Imagine
avec l'Amour devenir des soleils
comme ce serait beau la vie, l'univers !

Imagine
un monde sans gagnant, un monde sans perdant
où on peut s'offrir tous les rêves.

Imagine
partout la méfiance, la peur remplacées
par le cadeau de ton amitié.

Imagine
tous être heureux sous un ciel lumineux;
peu importe qui tu es je t'aime.

Imagine
plus de pollution ni de maladie
et l'abondance pour toi et moi.

Imagine
la violence fondre sous la chaleur
du respect de nos différences.

Imagine
la joie remplir tout notre être jour et nuit,
la paix d'un équinoxe à l'autre.

> Imagine avec l'Amour
> ce qu'on pourrait faire,
> comme on pourrait devenir beau;
> ce qu'on pourrait faire,
> tous nourris de la tendresse;
> ce qu'on pourrait faire,
> une fête à chaque jour.

Imagine
cinq milliards d'amoureux
fredonnant cinq milliards de chansons,
se donnant la main dans une grande ronde
d'un bout à l'autre de la terre.

Imagine
cinq milliards d'amoureux
bâtissant cinq milliards de maisons
avec un arbre dans chaque jardin
au milieu de ce mystérieux jeu.

Imagine
il ne m'en faut pas plus
pour continuer dès aujourd'hui
ma chanson avec cinq milliards de mots
ou un mot qui dirait tout.

Imagine
il ne m'en faut pas plus
pour continuer dès aujourd'hui
ma ronde à travers cinq milliards d'horizons
ou vers les croisements de tout.

STUPIDITE

C'est une accumulation d'armes
pour tromper notre sécurité,
c'est mon indifférence qui laisse
le nucléaire nous empoisonner
et je me contente de politique
pour choisir le sort de la planète.

     Maudite ignorance
     qui nous rend stupides
     et utilise la peur
     pour mieux nous manipuler,
     alors que les amoureux
     sont heureux de danser avec le temps.

L'illusion de vivre séparé
d'avec le reste de l'humanité
me force à être dominateur,
à fermer les yeux pour ignorer
que la richesse me vient des échanges
avec les autres et des énergies.

     Maudite ignorance
     .....

Je t'aime mon chéri, oui, je t'aime
malgré que je te fais de la peine
à toujours vouloir tout contrôler
ta vie, tes idées, ta liberté;
pourtant je sais que c'est entre nous
qu'on apprend la paix ou la guerre.

     Maudite ignorance
     .....

Mon train de vie au cent mille dollars

me contraint à un stress sans arrêt.
Je refuse de me regarder
j'ai trop de bobos ici et là;
me voir ce serait m'obliger à
relever le défi de changer.

Maudite ignorance
.....

Moi aussi,
je veux devenir amoureux,
être heureux de danser avec le temps.

COMME L'OISEAU

Oui l'Amour m'est venu
comme un air de printemps
ouvrir toutes les fenêtres
de mes châteaux d'ivoire
et balayer d'un grand coup de vent
toutes mes peurs, toutes mes illusions,
pour, comme l'oiseau, dépasser les frontières,
pour être libre, libre, libre partout.

Oui l'Amour m'est venu
peindre de grands soleils,
poursuivre les ténèbres
jusqu'à leur dernière ombre,
me laissant nu face à moi-même
où je me suis à peine reconnu,
pour, comme l'oiseau, dépasser les frontières,
pour être libre, libre, libre partout.

Oui l'Amour m'est venu
rendre plus intense
cette joie indescriptible
de participation,
m'apprivoisant doucement à toutes
les vibrations du cosmos vivant,
pour, comme l'oiseau, dépasser les frontières,
pour être libre, libre, libre partout.

Oui l'Amour m'est venu
basculer mon génie,
faire place à la lumière
de l'instant, du présent
et laisser cet énergétique
soleil transformer tout mon être,
pour, comme l'oiseau, dépasser les frontières,
pour être libre, libre, libre partout.

L'Amour m'est venu -
L'Amour m'a séduit -
L'Amour m'a donné
le goût de continuer
..... avec toi.

AUTOUR DU MONDE

Un beau matin je suis parti(e) en randonnée
oubliant mes tracas, mes rancunes, mon superflu.
Je voulais admirer toute la beauté de la terre
et dire bonjour à tous mes amis de l'univers.
>Je marchais et je découvrais
>laissant l'Amour me transformer
>pour devenir beau papillon.

De l'Orient à l'Occident, en passant par moi,
j'essayais de suivre le courant des rivières,
d'être ouvert(e) à tous les rythmes, à toutes les chansons
pour que les énergies puissent circuler librement.
>J'apprenais et je souriais
>laissant l'Amour me transformer
>pour devenir beau papillon.

Jour après jour, je voyais hommes, femmes et enfants
remplis de courage, d'enthousiasme et d'espoir
collaborer de leur travail et de leurs idées
à rebâtir une terre d'abondance et de paix.
>J'observais et je partageais
>laissant l'Amour me transformer
>pour devenir beau papillon.

Avec les oiseaux, leurs petits et les éléphants,
avec les étoiles, les cailloux, la mer et le vent,
de défi en défi, d'une aventure à l'autre,
lentement je perçois le plan de la création.
>Je suis heureux(se) et je progresse
>laissant l'Amour me transformer
>pour devenir beau papillon.

>Soyons heureux et progressons
>laissant l'Amour nous transformer
>pour devenir beaux papillons.

JE CHERCHERAI ENCORE LONGTEMPS CE QU'EST L'AMOUR TELLEMENT L'AMOUR EST INFINI

La lecture de ce livre vient de se terminer pour toi; les mots ont glissé devant tes yeux les uns après les autres. Ta curiosité est satisfaite. Tu as maintenant une vague idée du contenu mais tu sais peu de chose encore sur ce qu'est l'Amour.

Il te faut maintenant reprendre ces textes et entendre la musique de la Vie, sentir ses vibrations, car les mots par eux-mêmes ne contiennent rien. Il te faut essayer d'entrer en contact avec ton «vrai Soi», essayer de faire de chaque page une nouvelle recherche, une expérience personnelle jusqu'à en ressentir l'unité avec toi-même, avec tous les autres et tout le cosmos; il te faut VIVRE l'Amour si tu veux vivre l'intensité de la beauté, de la joie, de l'abondance, de la liberté, de la paix. La vérité se laisse atteindre progressivement, la compréhension de l'Amour est progressive aussi. On ne peut en parler ou l'accueillir que d'après le langage de l'éveil de notre conscience à ce moment précis dans l'espace-temps. Demain il y aura déjà autre chose à ajouter. C'est donc à chacun de trouver sa façon de Le laisser circuler à chaque jour, de se laisser séduire et combler par cette quintessence du meilleur et du plus pur de la Vie.

C'est facile d'écrire, me diras-tu, surtout des propos qui semblent naïfs, simplistes, même utopiques à notre raisonnement et de prétendre régler la misère du monde et de chacun seulement en faisant circuler l'Amour; à ceci je te répondrai; que je sois approuvée ou non n'a pas d'importance, **L'IMPORTANT C'EST DE LIBERER LA FORCE ET LE POUVOIR DE L'AMOUR.**

A celui qui est ouvert, réceptif, disponible, l'Amour ne cessera de l'émerveiller, de se découvrir à lui et d'agir par lui, car ce que nous en connaissons aujourd'hui n'est que la pointe de l'iceberg de son infinie grandeur.

J'espère avoir déclenché en toi le goût de sortir de ton état léthargique; j'espère avoir suscité en toi le goût de t'éveiller à ton «vrai Soi» dès maintenant, de devenir beau et vrai et libre à travers cette mystérieuse, cette merveilleuse aventure sur la terre et dans le cosmos.

Puissions-nous avoir ensemble le goût d'un harmonieux projet social d'abondance et de paix pour tous et vivre le défi de la fraternité et de la fête.

> «Tu peux dire que je suis un rêveur
> mais je ne suis pas le seul.
> J'espère qu'un jour tu nous rejoindras
> et le monde ne sera plus qu'Un».
> *John Lennon*

Lithographié au Canada
sur les presses de
Métropole Litho Inc.